THE
IMPACT
CODE

影响力思维

〔英〕西蒙·泰勒(Simom Tyler) —— 著
信任 —— 译

中国友谊出版公司

图书在版编目（CIP）数据

影响力思维 /（英）西蒙·泰勒著；信任译. --.北京：中国友谊出版公司，2019.12（2022.7 重印）

书名原文：The Impact Code

ISBN 978-7-5057-4832-3

Ⅰ.①影… Ⅱ.①西… ②信… Ⅲ.①领导思维学—研究 Ⅳ.① C933

中国版本图书馆 CIP 数据核字 (2019) 第 216680 号

© Phil Dobson
Copyright licensed by LID Publishing
arranged with Andrew Nurnberg Associates International Limited

书名	影响力思维
作者	[英]西蒙·泰勒
译者	信 任
出版	中国友谊出版公司
发行	中国友谊出版公司
经销	新华书店
印刷	天津中印联印务有限公司
规格	787×1092 毫米　32 开 7 印张　119 千字
版次	2019 年 12 月第 1 版
印次	2022 年 7 月第 2 次印刷
书号	ISBN 978-7-5057-4832-3
定价	42.00 元
地址	北京市朝阳区西坝河南里 17 号楼
邮编	100028
电话	(010) 64678009

赞　誉

西蒙本人就有很大的影响力。在本书中,他将洞察力、幽默感和实用性成功地组合起来,帮助我和我的众多团队在影响力和工作职责方面得到显著提升。

——布伦达·特诺登(Brenda Trenownden),
澳新银行FIG欧洲区主管董事总经理

与西蒙的合作,我们倍感荣幸,他是我们在Coachmatch的合作教练,也是我们客户小组的成员之一——他丰富的专业知识,为我们的高层领导者们建立自己的影响力、地位和领导品牌提供了巨大支持与帮助。

——特鲁迪·瑞安(Trudi Ryan),
Coachmatch首席执行官

当我担任新角色时,我的影响力也要有相应的改变——西蒙不仅帮助我做到了这一点,他还让我成为一名更优秀的商业人士。现在的我更全面、更理性、更有效率。他可以帮助你实现快速改变。

——戈登·罗伯斯顿（Gordon Roberston），
通信总监，爱丁堡机场和爱丁堡市场营销主席

西蒙有着不可思议的直觉。他可以让人们将注意力集中在核心问题上。他可以解除人们身上的限制，将他们的努力转化为集中的、有特定意义的影响力。

——沃伦·L·克瑞斯（Warren L Creates），
Perley-Robertson, Hill & McDougall
律师事务所移民法小组负责人

与西蒙合作的第一天，他就打消了我的疑虑，让我对成为世界顶级短跑教练充满信心，我认为自己可以对田径运动产生自己的影响力。现在，作为该领域的全国领衔人物，我相信自己可以到达世界顶峰，我的成功很大一部分都要归功于他的指导。

——丹·科斯辛（Dan Cossins），
英国少年短跑和接力教练

前　言

领导者具有影响力；你也有影响力。

无论你是什么人，在做什么工作，你的影响力 = 真实意图 × 清晰和一致性。

就本书而言，"影响力"一词是指你对某事或周围其他人产生的作用。你的影响力是你的外貌、风度、交流方式、话语、行为以及（当你离开后）后续影响的综合体。《影响力思维》可以帮助你了解影响力的奥秘，并最终获得自己的影响力。

缺少智慧的影响力是不完整的

关于领导力和影响力的书籍和文章有很多。具体到影响力，这是一个似乎有很多风格，但实质内容很少的术语。那些关于影响力的书籍会建议你改变你的外貌，使用正确的肢体语言，等等。

但关键是：无论你在外貌和举止上下多大工夫，缺少了智慧、目的和真实意图，你的影响力永远都会如烟一样虚无、不真实。真正的领导者和创新者们——圣雄甘地、马丁·路德·金、温斯顿·丘吉尔、史蒂夫·乔布斯——他们被认为"伟大"，是因为他们拥有激情，他们对自身意图有着无比的信仰。人们想要追随他们的想法。

如果不清楚自己的动力源头在哪里，那么一套新西装和帅气的新发型对提升你的影响力来说几乎毫无作用。《影响力思维》一开始会要求你确认自己的意图，这是产生积极的、强大的影响的第一步。

第一印象的重要

第一印象的形成速度很快，通常这是无意识的行为，但它的作用十分重要。纽约大学的研究人员发现，在会议开始的前7秒里，人们就已经对他人进行了11项重要的判断。这些判断基于对方的外表、手势、姿势、语调、开场白等一系列有意识或无意识的反应，而且这些判断将会成为我们今后关系发展的基础。

通过提高自身意识，评估自身行为，进而调整自己对他人的影响，你可以确保自己在所有交流活动中获得更好的结果。这很重要，因为你无法预测交流活动的后续发展；一次偶然的会面，你会获得一位重要的客户；一次简短的谈话，你可能会得到一份工作邀请。影响力不仅仅存在于你职业生涯中的"重大时刻"，它会出现在你生活中的每一分每一秒；在你职业生涯中的每一刻，都是关于每一刻的存在；这种思维上的转变表明了你的意图，即每一次互动都有可能为你带来经济、职业或个人层面上的机遇。

影响力思维

如果你缺乏自身动力和激情,那么你要如何让他人跟随你呢?

你每隔多久会问自己:

"我的激情在哪里?"
"我代表、支持的是什么?"
"我希望人们如何评价我,我做得又如何?"

写下你脑海中的第一答案。

这些都是基础问题,值得你反复琢磨、思考。对于通晓《影响力思维》来说,这也是一个很好的起始点:花点时间写下你对这些问题的回答。

这种自我反思的精神，就是你领导力之旅的基础。

通过学习、实践本书中的影响力笔记，可以帮助你发现并明确自己的价值、激情及动力，进而显著提高你现有工作及未来工作的收益。

这些核心问题的答案显示了你当前的影响力。它向你周围的人讲述了一个故事，故事内容包括你是谁，以及你的旅程是如何进行的。这个故事的关键是你如何创造持久的、巨大的影响。

作为一名领导力教练和导师，我观察过许多高级经理和公司董事，他们都是领导者，因为他们身后都跟随着一批自愿的追随者，但只有少数人表现出了高管风度。我听过这个词汇（高管风度）很多次，通常来讲，它被描述成一种神秘的状态（你要么有，要么没有）。

不过，我已经确定了五个与高管风度相关的因素。这些因素与高管风度具有高度一致性，可以帮助其产生更有力的影响。

在对数百位领导者的指导过程中，我观察到了一些在最优秀和最聪明的人身上反复出现的模式，以及他们在身体和精神层面上体现其意图和目标的方式。在本书中，这些影响力笔记将帮助你探索并提高你在这五个方面的表现。

影响力的五个方面

1. 视觉

视觉影响是许多社会互动的基础。当然，我们已经知道这一点了，但我们是否仔细思考过自己衣着所传达出的信息——就你现在穿着的？视觉影响不是要求你必须随时都保持机敏自信的外表，或者每周都换一套新衣服；它的关键在于理解可视信息的细微差别，并利用这些细微差别来明确我们要传达的信息。

2. 风度

在这里，视觉影响这一概念得到进一步发展。有些人似乎拥有一种特殊的氛围，可以吸引他人追随自己。基于我与许多成功人士的合作工作经验，我会在这本书中详细阐述其中的道理；尤其是成功人士身上吸引我们追随的核心因素。他们吸引我们的地方，或许就是我们正确行动的线索。

3. 联系

与他人的联系，这是伟大领导力的核心。我们如何与他人联系？我们如何用创意和激情来激励他人？我们如何回应他人或做出反应？联系包括了倾听技巧，书面语言和口头语言，以及我们选择谈论的主题。思考一下你对他人讲述的关于自己的故事，以及讲述时的措辞。面对他人时，你在语言和动作上会产生怎样的反应？你对其他人感兴趣吗？你会适当地提问及插话，还是只是保持沉默，等待轮到自己发言？

4. 言语

这是与他人联系的一部分，也是你管理周围人的关键——你会通过这种信息传达方式来激励、委任他们，特别是你（有意识或无意识的）词语选择。例如，你如何要求员工承担任务的同时，还能让他们感受到自己被赋予了权力，进而感受到自身价值。

5. 影响力足迹

我们每个人身后都会留下我们经过的痕迹，显露出我们曾有的影响。不仅如此，影响力足迹在你离开后依旧会产生持续的影响。你是否带给大家行动的号召、工作的乐趣和奋斗的动机，是否对你们自身及你们的工作进行深入的研究和了解？

在实际工作中，这五个方面起到了重要作用。有意识地运用影响力的这五个方面，可以帮助你增强信息的传递强度和一致性。

如何使用这本书

《影响力思维》中的每一章节都以影响力笔记命名,它们是对你思维的挑战,其中涉及你的现有习惯和行为,以及你可以立刻进行的具体改进建议。通过这些改进行动,你可以改变看待自己的方式,以及他人对你的看法。你可以:

- 按顺序阅读影响力笔记。
  ——在你深感共鸣的地方进行标记,并采取相应行动;
  ——每周都针对一条影响力笔记采取行动。
- 随便阅读一篇影响力笔记,并进行相应行动。
- 浏览整个目录,找到与你现有状态或问题相关的篇章,从这里开始。

我的目标是通过这本书鼓励你采取行动。

所以，请试着每周都改变一些你的日常行为。每一章我只传达一个想法，这样你可以充分吸收并进行实践。如果你能够充分利用影响力思维实践中的某些理念，并将其投入到实践中，那么你将会体验到真正的改变；如果你能完成所有 50 个影响力笔记，你今后的生活道路将会完全不同，而你也会通过有条不紊的步骤，成为一个充满使命感的强大领导者。

你的"顶级"游戏

就像在学校拿到"优"（A）一样，你的"顶级"游戏（A game）很简单，就是保持最佳状态。从领导力层面上说，就是要为你的团队、你的同事、你的客户以及所有利益相关方创造并保持积极的联系。强大、真实的领导力可以通过以下四个不断发展的效果来识别：

- 吸引力（Attraction）
- 需求力（Appetite）
- 拥护力（Advcacy）
- 行动力（Action）

吸引力——人们被你和你的想法所吸引。他们也许能够解释其中原因——也许不能，但他们围绕着你，渴望听到你说的每一个字。

需求力——你与某些人的联系加大了你对他们的吸引力；他们清楚地意识到自己对你的想法、你的团队以及你的公司的浓厚兴趣，并且想获取更多。

拥护力——人们为你的想法狂热，进而向他人倡导——他们会给予你支持，会与同事们探讨你的愿景，为你和你的愿景造势。

行动力——你的激情和领导会在他人身上产生明显的影响。他们会采取创新的、启发性行动，这是他们受到你影响的结果。你，正在通过他人的行为来创造改变。你的影响，正在更广泛地传播，传播到那些你没有亲身接触过的人身上。

这四种影响力的效果如何，描述了你的能量、行为和想法是如何传播，并在他人身上创造出激情和投入的（或者正好相反）。而最初的吸引力，产生于你对自己所做事情的信仰，以及你与他人交流的能力。你的工作/业务中的哪一点激励并吸引着你、你的员工和你的顾客？一旦你确定了这个核心元素，你的激情之火就会吸引并点燃他人；他们的欲望会不断增长，进而投入更多的参与；他们会支持你、向他人倡导你的理念；并采取更加积极的行动。

这就是影响力，纯粹而简单。

关于影响力思维的实践

影响力思维实际上是一组实践的规则，它阐述了如何构建强大的、真实的领导力，并使其触手可及。高效领导不是神秘的、不可企及的状态，不是只有被祝福的人才能获得；相反，它是灵感、智慧和行动共同创造的顶点。每一章影响力笔记中的影响力密码的实践，都清楚地揭示了为什么说你的影响力很重要，以及如何重新认知、调整你的领导力。

在这一部分，你将找到关于提高这四个领导力效果的指导。接下来 50 个章节中的理念和方法，将会帮助你最大化你的影响力，并改变他人对你的看法。你要如何找到你内心的声音和动机，吸引他人跟随你呢？你的态度、行为要进行哪些细微改变，才能让他人将自己与你的愿景联系到一起？有哪些障碍是你在潜意识中制造的?

《影响力思维》为你提供了一张路线图，帮助你建立（或重建）对你自己、对你工作的积极认知——我指的不仅仅是你的工作，还包括了你生活的所有其他领域。本书一直在提醒你：为了创造出你需要的、应得的影响力，你传达给外界的信息必须清晰，且与你的目标相一致。

你可能会惊讶地发现，很多领导者会发出与他们目标相反的视觉、言语或身体信息。提高你的自我意识，让自己变得更加善于思考，这会增强你的影响力、提高你的改变速度，同时也会为你带来许多物质、情感和精神上的回报。

目 录 CONTENTS

赞誉 / 001

前言 / 003

影响力思维 / 007

如何使用这本书 / 013

吸引力：发现你的影响力魅力

笔记1：寻找明确的意图 / 003

笔记2：拥抱真实的自己 / 008

笔记3：表达积极的"我是……" / 013

笔记4：通往内心的书写 / 016

笔记5：创造新事物的真空 / 020

笔记6：摆脱无用的恐惧 / 023

笔记7：确定近期的成功 / 027

笔记 8：拒绝无意识的衰退 / 030

笔记 9：设定健康的目标 / 032

笔记 10：清楚价值的自我认知 / 035

笔记 11：表达价值的自我展现 / 038

笔记 12：照亮真相的火炬 / 041

笔记 13：拥有完美的顾问 / 044

需求力：释放你的影响力习惯

笔记 14：呈现内心的外表 / 049

笔记 15：挑选正确的"灰与蓝" / 055

笔记 16：散发魅力的"邦德先生" / 057

笔记 17：打造完美的第一印象 / 061

笔记 18：重聚分散的专注力 / 065

笔记 19：调整状态的呼吸 / 067

笔记 20：追逐自我选择的快乐 / 070

笔记 21：轻松获得的自信 / 073

笔记 22：忙碌中的最佳选择 / 078

笔记 23："爱"与"做"的评估 / 081

笔记 24：随时保持的一致性 / 084

笔记 25：远离糟糕的惊叹感 / 087

拥护力：培养你的影响力追随者

笔记 26：创造敬业的团队 / 093

笔记 27：关注他人的愿景 / 098

笔记 28：不可思议的语言力量 / 101

笔记 29：增强沟通的模糊性 / 104

笔记 30：坚定捍卫的界限 / 107

笔记 31：建立信任的承诺 / 111

笔记 32：获取动力的决策 / 115

笔记 33：巩固关系的倾听 / 117

笔记 34：停止抱怨的力量 / 120

笔记 35：关闭紧张的按钮 / 123

笔记 36：阻碍进步的"应该" / 127

笔记 37：决定上限的信念 / 130

行动力：升级你的影响力行为

笔记 38：触发关键的"你" / 135

笔记 39：探索潜在的"一心一意" / 138

笔记 40：抓住忽略的空隙时间 / 142

笔记 41：简化复杂的断舍离 / 146

笔记 42：让船更快的直接动力 / 151

笔记 43：孕育新生的橡子策略 / 155

笔记 44：跟随逻辑的更进一步 / 158

笔记 45：保持平衡的中间道路 / 161

笔记 46：复杂环境中的极简思维 / 165

笔记 47：连接世界的数字化思维 / 168

笔记 48：挑战累赘的会议习惯 / 171

笔记 49：高效人士的时间管理 / 174

笔记 50：影响力思维的精益原则 / 180

致谢 / 183

关于作者 / 185

影响力思维 NOTE/ 187

吸引力
发现你的影响力魅力

对我们大多数人来说,比好高骛远、败不旋踵更危险的是胸无大志、唾手可得。

米开朗琪罗(Michelangelo)

下面的章节将向你提出挑战，让你思考为什么人们应该跟随你。到底是什么吸引了他们？这些影响力笔记邀请你以自己真实的意图和目标参与其中。你可能想成为一个领导者，但你的心愿必须建立在一个清晰的愿景之上，这样才能吸引他人加入到你的事业并获得更多成功。

笔记1：寻找明确的意图

我们要从"意图"的哪一点开始《影响力思维》好呢？

"你的意图是什么？"这个问题是亘古不变的，但大多数人已经停止了对它的思考，还有人已经彻底放弃，因为他们找不到自身存在的理由。

这第一个影响力笔记，也是整个影响力密码的基石，它试图解开纠缠不清的思想、获得对意图的正确了解方式。

让我们明确一点，意图并不是永久的；更进一步来说，意图的答案不止一个。

把上句话再读一遍。仅仅认识到意图的这种无常性，就是一种解脱。如果在生命的某个阶段，你感觉自己拥有某种意图，千万不要太过于重视它,或与它连接太紧密。在需要的时候,你要放手,去迎接更大的意图;而且可以确定的是,更大的意图总会出现。

从本质上讲,对意图的找寻是变幻莫测的。意图的演变和出现,只是对寻找意图这个行为的回应;与之相比,"允许"这个行为则更恰当。

此外,你的意图与你进行的工作无关。你的意图是要发现和培养真正的自己,从最深处了解自己,并在你迷失方向时引导你重新找回自我。

而你所有的影响力都会与你的(不断出现和发展的)意图相连。

用绝对的、简单的术语来说,你要做的只有三件事:

- 坦诚接受你的意图。
- 确认、增强并显露你的才能。
- 找到更多可以发挥你才能的方式和领域。

这里，我有一个在多年的领导力培训、指导工作中形成的简单的六步意图工具包，这个工具包吸收了全球励志大师们的思想精华：

- **他人的意图**：你是否走在一条由父母、同侪、媒体、社会等为你确定的道路上？这条路真的让你感觉快乐吗？对你想做的事情、想去的地方进行思考、评估，然后通过以下问题来审查每个答案（每个问题都可能引发更深层次的思考）：

- 我为什么想要那个？
- 得到之后呢？
- 到那时，我会拥有什么，或者会成为什么样子？

- **远离或靠近**：你会被大量的"推和拉"的力量所包围，这些力量本质上不分好坏，它们只是力量而已。找出你身边的这些力量。你所处的情况、角色、人物、事件、地点和环境是什么？当你离开或被排斥时，你所处的情况、角色、人物、事件、地点、环境又是什么？

■ **转变**：在你真正想要的成为可能之前，你等待的或需要的偶然性的变化是什么？例如，使用"当……时，我会……"造几个句子。通过使用这个句式不停造句，来观察你自己的想法和感受，最终实现转变。通过探索偶然性，你可以发现你的欲望和激情所在；它们就躲在恼人的借口或障碍之后。

■ **自然**：你自然地、无意识地认为理所当然的事情有哪些？你的同事和朋友可能经常会说"这对你来说很自然"。你拥有细致入微的眼光、幽默的表达、吸引人的方法，或者超前思考的能力吗？这就是你的天赋，这就是你的天赋出现的地方。

■ **爱"它"**：很明显，这应该是你的起点，但"它"却常常成为你的意图工作中最被忽视的那部分。尽可能地列出你爱的东西（我特意使用"爱"这个字，激励你跳跃过那些你"喜欢"或"十分享受"的事物）。"它"可以是能让你微笑的、对你具有影响的活动、地点或人。你非常喜欢参与这一活动，或花费时间与这一人或物待在一起，即使你拥有完全的经济自由，你也不会离开"它"。你的领导生活不是等待这些事物的出现，也不是见缝插针地将"它"挤进你的行程中。"它"就是你生活的基础和架构，是你影响力天性的表现。

- **激励者**：在你的一生中，你会有意识或无意识地关注并模仿某些人，他们的存在激励着你前进。列出6~10个你最钦佩、敬仰的，让你倍感动力的人。在每个名字的旁边写下一个词或一小句话，记录下他们对你的影响。例如，特蕾莎修女——无私，温斯顿·丘吉尔——智慧和政治家才能，尤塞恩·博尔特——绝对的自信。然后，将这些评语誊写在一张白纸上——现在，这些品质是你的了，它们描述了你未来要拥有的领导影响力，以及你在追求它们的路上要做出的选择和决定。

接下来，你要将这些写下的词语变为行动。在接下来的十天里，每天都将这张纸读一遍，而且每次都要停下来思考一下这些词句给你带来的感觉。你的身体和情绪的反应将会为你提供发现自身意图的线索。

笔记2：拥抱真实的自己

关于真实领导力，已有太多的著作和讨论，以至于被认为是一种领导"方式"，而不是一个概念。它已经成为领导学学者们的研究课题。

真实（Authentic）的意思是"来自于源头"（from the source）。零售产品和品牌常常夸耀自己的产品是原创的（来源于起源）和纯粹的。

真实领导力则是要你从你的源头出发，遵从你内心深处照射出的光芒。你要成为最好的自己，以最本能的方式表现和行动。

在古希腊哲学中，真实（authenticity）的意思很简单，那就是控制你自己的生活。它的重点是高度自我意识，涵盖有道德和伦理、平衡、人际关系、积极和开放心态。

当你处于"真实"状态时，你会体会到一种"流动"(flow)感，一种"感觉很好"（关于你在做什么，你如何去做，你是谁）的状态。你将吸引当前和潜在的追随者们（员工、同事、利益相关者、客户），并在众多不同的环境中获得更多成为（作为领导者的）真实自己的机会。

当你"不真实"时，你会花更多的时间去审视你的行为，纠正错误，此时你会感到空虚、枯燥、肤浅（对你在做什么，你如何去做，你是谁；你没有错，但就是"感觉没有自己的节奏"）。你不太可能获得长期追随者，现有追随者们也只是在履行自己的职责。

所以，"做真实的自己"似乎是显而易见的正确行为，但你很可能会却步不前。你应该从哪里开始呢？

在整个职业生涯中，你将学到各种技能和技巧，积累丰富的知识和经验，阅读广泛的书籍和文献。你会有意识或无意识地观察着你的家人、同侪、老师、公司经理和其他领导者们。

除此之外，你还会关注到很多公共领导人物，各领域领袖，激励大师，以及你心中的（真实及虚构的）英雄人物。你拥有丰富的资源供自己参考、使用。

你是否已经将这一系列资源整合到一起并吸收为己用？那么，真实版本的你是什么样子的呢？不管你收集了多少资源和参考资料，有一件事是固定不变的：你的源头，你的起源。它们指的不是一个地方，不是你的父母，也不是你出生的年份。你的起源是一口井，真实的泉水从中流淌。

你的源头是你内心的东西，你的本能，你的直觉。它们是你的引导之流，有时以文字或图片的方式清晰展现，有时则只是模糊的感觉。

"真实"的不明确性让很多人无视它、放弃它，甚至否定它。但它仍然存在，它是你内心微弱的声音，包含着急切的渴望、怀疑、创意、欲求，你会时不时地听到它。

你越注意倾听这些声音，你的倾听就会越加顺畅，你的直觉的提示以及对下一步行动的感觉也会越加清晰。这将使你的信仰转变为一种"了解"，让你获得一种巨大的确定感——你知道自己是谁，自己在哪里。

"拥抱真实"应该成为你的常规练习内容,而不是一年一次的静修(不过也不要放弃这个想法)。你可以找一个适合的时间和地点,让自己远离干扰(他人、电视媒体、电子通信设备等),询问自己以下的"真实性源头"问题,或者你自己重视的其他问题:

- 我想要什么?
- 在现有状态下(你的角色、你的公司、你的项目),我想要什么?
- 是什么让我感觉良好?
- 是什么让我感觉尴尬或偏离重点?
- 我下一步要做什么?

你可以写下你与自己的对话,或者你从中获得的想法,不管它们多么模糊。一开始,这些思考和回答不需要清晰或有意义。重要的是你在倾听自己。就像在收音机中寻找某个电台,在你学会以微妙的方式将按钮转到恰当的刻度前,它会发出噼啪的杂音。

一开始,你可以每周进行一次这样的练习,并且坚持下去(最初20分钟,通过练习可以延长到一个小时);养成习惯后,你可以转为每天进行一次。

不管什么时候,对你的真实性进行投入都是值得的。教练的基本职责之一就是与客户合作,帮助他们回到真实状态,并从那里开始思考、决定和行动。这或许是也你在"真实性"上所需要的支持。

到目前为止,你在旅途中遇到的每一件事和每一个人,你将遇到的所有人和你尚未拥有的经验,增加和扩展你的才能,允许你巧妙地处理你的沟通和操作方式,并用它增强你真正的影响力。

笔记 3：表达积极的"我是……"

很少有短语能像这句一样有力、让人难以忘记："我是……"（I am……）。

人们需要清楚地了解你是谁、你要如何去做，这样他们才能决定是否拥护你、倡导你的理念、支持你的领导愿景。作为领导者，你则要提供清晰的、一致的信息。

当我与客户（领导力课程学员）见面时，我常常会让他们完成一些"我是……"的练习，从中我可以了解他们的态度、自我信念、期望和愿景。

"我是……"是一个强大的语言工具，我们可以通过它来加强我们的境遇、感受和经历的任一部分。只有人类才能做到这一点。当你使用消极事物完成这个句式时，你就是在自我贬低，是在削弱自己的力量。

与你每天都在使用的大部分"你是……"叙述相比,"我是……"所传递出的效果要大得多。

"我是……"反映出,或者说设定了你的生活活动的基调。当你说出"我是……"时,你的内心会喷涌出无法阻挡的泉水。

我恳请你小心使用以下句式:"我不是……"它会抑制你的内在潜力。

几乎每一种语言和文化中都有类似的谚语:"当软弱的人说出'我很强'(I am strong)时,一切都将改变。"

我很喜欢笛卡尔的名言:"我思故我在。"(I am, therefore I think)你所说的"我是……"及其内容,支撑着你的所有后续想法,并以闪电般的速度发挥着作用!

一旦你接受了对自己的任何类型的怀疑,更多的怀疑就会乘虚而入。这与"我是……"是一样的。无论你将注意力放在哪点上,都必将引入更多相同的内容。

回顾,并重新编排你的"我是……"内容,例如:

"我是自由的。"

"我是神通广大的。"

"我是快乐的。"

"我是满足的。"

"我是成功的。"

观察你的"我是……"陈述;试着通过"我是……"轮流表达积极和消极的观点,然后观察自己在之后几分钟内的感觉。停止使用"我是……"句式表达你不想要的状态。你要表达积极的一面,让更多的积极情绪涌进你的身体。

你的大脑,会证明你的"我是……"是真的,或者找到证据证明它正在实现的途中。

笔记 4：通往内心的书写

你或多或少应该知道，写作不仅仅是记录思想和客观事物的有力工具；它可以显著增强人的反射能力，刺激大脑中观察和解决问题的区域，但是大多数人很少使用这项简单的个人发展技巧。

本章的重点，是提醒你对生活的驱动因素及个人意图进行思考。你想与世界交流的是什么？你的意图是什么？随着你对未来方向与目标越来越明了，你的自身意图也会越来越明显。

多少次，你的脑中滑过一个想法、一个创意，或者解开你现有难题的线索，但却在几个小时、甚至几分钟后被忘得一干二净？如果你写下来就好了！又有多少次，在参加会议或倾听演讲时，你在笔记本上匆匆记下几笔，等若干天后再次看到这些内容，依旧能感受到与当时相同的灵感火花？高效领导者们可以成功抓住这些灵感时刻，并将它们投入到应用中。我还观察到,拥有强大影响力的领导者们与他们的内心引导和直觉有着更紧密的联系。

用笔记录的能力比你想象中还要强大。神经学研究人员们发现,当你用笔记录时,你的大脑和身体有着许多联系,其影响不仅仅是用笔把字写在纸上那么简单。例如,你会"听到"和"感觉到"你写下的几乎每一件事,你写下的内容会与你的多重感官结合到一起。

写作或"室内独白"被描述为"意识流"[威廉·詹姆斯(William James)《心理学原理》(*The Principles of Psychology*)]。在我的工作中,我经常意识到这种极简的个人发展技巧正在"描绘通过心灵的众多思想和情感",就像威廉·詹姆斯描述的那样。

当你在短时间内记录下某个主题,或者某件在你脑中盘旋很久的事物、想法时,你的大脑会从努力工作的 β 脑电波模式转换到 α 脑电波(在这种模式下,你可以放缓脚步,围绕着你的主题进行全方位思考)。重复这一行为,你偶尔会进入 θ 脑电波模式(在这里,你可以接触到你内心更深层的本能和直觉)。

你可能非常忙,要将所有精力都放在大小会议以及你几乎没有时间回复的邮件上。但只有通过深思熟虑的果断行动,你才能推动变革。在此我向你提出挑战,你要试着凭直觉去写作记录,让这项技术立刻为你所用。

在接下来的一周里,你要进行15分钟的写作练习,次数越多越好。你可以给自己设定一个可以实现的(且具体的),但有一定延展性的目标(例如,在一周的工作日里,记录20场会议及小组讨论,每天四次)。以下是一些简单的提示,可以帮助你从练习中快速获得成果:

- 在写作时给自己准备一杯水(并喝掉)。
- 用手书写(手写与键盘输入的效果完全不同)。
- 从你想写的东西开始。
- 快速书写(放弃你对书写质量、格式、词语正确性及语法的要求)。
- 当你被卡住或速度减缓时,写下一个关于你被卡住的问题(例如,当你被卡住时,你可以写下现在的状态和想法,比如:"我不知道现在该写什么,但我仍在思考这些选择哪一个更有潜力。")

- 不要使用"是/否""为什么""何时"等问题,它们会限制你的思维。你可以用"什么……"的问题来激发自己的想法。
- 写完后,放下笔,不要看你写下的东西。如果你想的话可以稍后再看,但你并没有这样做的必要。

你的内心深处已经有很多答案;书写是你指尖上的简单礼物。继续,写下来……

笔记 5：创造新事物的真空

有一条物理学定律——"自然界憎恶真空"[亚里士多德（Aristotle）《物理学》（Fourth Book of Physics）中的"真空恐惧"]。在日常生活中也是如此。只要有真空存在，新事物就会被迅速吸进其中。

当你的世界变得拥挤、超负荷时，你没有空间让任何新的事物进入，不管你的想法有多积极。本章的影响力笔记要挑战的就是创造真空。

领导不是一系列飘在隐喻层面上的固定活动；真正高效领导需要空间来提高清晰度。只有创造出思考的空间，你自己以及整个团队的计划、项目和目标才会变得更加清晰。没有空间，就没有新思想的产生。

在你的商业或者个人生活中，你会发现一些关系、客户或者事物对你来说已经失去了价值,他们不再是你所期盼的未来愿景的一部分,或者说,它无法帮助你创造出你想要的影响。

通过释放这些事物,你将创造一个真空,令人兴奋的新事物将快速填充、取代它们的位置(填充的新事物会与你当前的思想层级、方向保持一致,所以你也要同时保证自己思考的数量和质量)。

举例来说:

你可以在卧室里体验到这种策略的力量:打开你的衣柜,按照"帕累托法则"(Pareto maxim),在80%的时间里你只会穿到20%的衣服。所以,清理你的衣柜,创造真空(一定要冷酷无情)。清理过的衣柜就像一棵刚刚被修剪过的树,给它一些时间,你会发现强大的、充满活力的树枝会突然出现!于是,你拥有了一个更新的、更适合你自己的衣柜。这个过程还有一个副产品:其他人可能会从你的衣服清理中受益。同样的原则也适用于你邮箱里的那些"以防万一"的备份邮件收藏夹。

几年前,我开始了一个一周一天的客户项目,并进行了一段时间。这个项目带来了巨大的收入，但它耗尽了我的精力，而且它与我的目标、未来规划和（对我的教练业务的）个人意图并无关系。我只是为了钱才一直坚持着。然后，我理智、负责地关闭了这个项目，当然，内心中的另一个我在为失去的收入不停地尖叫着。在接下来的几个小时里，我经历了快乐、解放等一系列体验——还有充足的空间。在接下来的日子里，新的会议和对话带来了新的客户，为公司提供了新项目的合作关系。但这次不同的是，这是我遵从自身愿望和意图的选择，它与我希望获得的影响力相一致。

"制造真空"是一种实用的策略，你可以一年使用两到三次；现在就开始，清理你的衣柜、你的电子邮件、你的办公室和办公桌、你的团队、你的项目清单。任何你感觉装满的地方都可以。

笔记 6：摆脱无用的恐惧

恐惧会阻止你采取行动，让你失去做事的乐趣和成就感。它还会让你的影响力变得不可靠、裹足不前，甚至造成破坏。但是，这种恐惧存在于何处，我们又要如何减少或消除它的压倒性负面影响呢？本章的影响力笔记重点就是应对恐惧，因为恐惧会产生无穷无尽的潜在不确定因素。

无论是在我自己的生活中，还是在与客户的对话中，我一次又一次地了解到被恐惧包围（有时你根本注意不到）的负面影响。

除去真正的恐惧（例如"现在"就会发生的威胁），那些压倒性的、意义不明的、非特定结果的恐惧，也会引发可怕的想法、疑虑、担忧和授权的削弱，进而导致过度谨慎、恐惧、犹豫等行为。通常来讲，这种恐惧感的黏着性十分强，你会被它包围数小时、数天乃至数周。

我指的是那种紧握你的心脏，让你全身无力，阻止你做出明确而自信决定的恐惧；但这种恐惧的出现很少与"现在"相关。它根本就不在这里。如果是这样的话，你可以利用你的聪明智慧来解决它。

我注意到，与我共事过的客户们——不管是高层领导者还是组织各层级的人员，都可以通过努力克服这种恐惧感，有时还会非常迅速。一旦恐惧被消除，你将体会到一系列令人兴奋的、信心爆发的决策过程。只要改变几个习惯，你就可以有效辨识出恐惧的早期症状，并在它爆发前采取行动。

这里，我指的恐惧是"对未来的、不确定的"。它与当下无关；它是由可能性、模糊性、怀疑和消极的"假设"所产生的。它会从你的过去经历、确信事实、比较和证明中吸取能量，不断壮大。过去和未来的能量混合让你相信它比实际情况更真实。但它不是真的，它并不在这里。

- 简单的恐惧发现过程：
——意识到恐惧；
——面对恐惧；
——不顾恐惧而行动。

下面一些高针对性问题可以帮助你平息恐惧的风暴：

- **我害怕的是什么**：列一个清单，写上你能够清晰意识到的所有内容，其中可能会包括一些潜在的恐惧，以前经历遗留的恐惧，与生俱来的恐惧，对情景/趋势的恐惧（每个人都有这类恐惧，媒体、社交网络和坊间八卦会持续并推动它）。

- **事实是什么**：这个故事中哪些是真实的——不是观点，不是可能性，只是明确无误的事实？现在，我要如何应用这些事实，或接受它的引导？

- **我现在在哪里**：相对于恐惧（对未来的、不确定的）来说，我处于什么位置？我现在要开始做什么、改变什么，或停止做什么，来减少恐惧？可以否定恐惧的事实有哪些？找到尽可能多的证据来反驳你的恐惧感。

- **我想要什么来取代恐惧**：你最喜欢的脱离恐惧的方式是什么？哪些你需要脱离恐惧的元素已经到位？哪些需要加强？

只是接受并知道你的恐惧"并不在这里",就可以让你得到解脱。再加上将你的注意力恢复到现在,你会注意到你的力量正在恢复。

笔记 7：确定近期的成功

指导计划、商业计划和职业发展计划中，这些工作有一个共同的目标，那就是"成功"——某种形式的、不断增加的成功。如果你的目标模糊不清，那么你就面临着一种风险：没有什么东西能让你感觉足够好，你想要的"成功"会离你越来越远。除此之外，几个月的艰苦时期或者艰苦的环境就会让你无精打采，甚至让你感觉工作毫无意义，你对自己事业或职业发展正在停滞不前的担忧会越聚越大。

我记得我的一位教练经常一遍又一遍地要求学员"具体点"。这是一个强大的训练步骤，可以帮助你将平淡乏味的成功定义转化为有意的、可实现的目标。

如果你现在不这样做，那么你只有一个大致的前进方向，但没有任何进步的感觉，你也不会获得任何的成就感和让自己感觉良好的满足感。

将成功具体化包含两个部分——感觉部分（让你的感官参与其中）和焦点部分（你的世界中值得关注的领域）。

放眼未来,选择一个具体的时间点(比如明年的这个时候)。更大的成功会让你有什么感觉？它会是什么样子？人们会怎样评价你的成功？使用以下五个基础领域评估你的成功：

- **工作**：你做了什么？你取得了什么？你的商业活动具有哪些影响？

- **个人成长**：你变成了怎样的人？你个人的哪些方面发生了改变？你的日常生活发生了哪些改变？

- **财富**：你与金钱的关系，你的经济自由状态，你的更广泛的财富（财产之外的）。

- **健康**：你的身体，你的身体机能和心理机能。

- **朋友和家人**：培养你、支持你的人际关系，你对出现在你生活中的人们的影响。

领导力、你工作成果的可见性、你的视觉形象和个人风度，这些都会受益于你对未来方向的把控及"具体化"。

写下你的具体目标，你可以以它为指导进行一周的工作（时间不要再长了），然后根据你的体会修改并完善它。这一最终版本将成为你新的、明确的成功目标，它会有意识或无意识地影响你，帮助你进行日常选择，优先事项安排。

当然，无论你具体化的内容是什么，都要保持简单。

笔记 8：拒绝无意识的衰退

用莎士比亚《哈姆雷特》中的话来说："世间本无善恶，全凭个人态度而定。"这已成为我指导工作的核心原则，我为教练和客户提供的建议都是——从一切都是中立的态度开始；以此为出发点，进行选择。

我们会习惯性的（通常是无意识的）对好与坏进行解释，好像这就是绝对的真理，实际上他们只是依你的想法而定。

在一段经济艰难的时期，我与一家自己很喜欢的客户公司合作进行的所有指导工作全部停止了。这是灾难！恐慌！

还是……一个转折点，让我转移我的业务重点，探索新的道路，并完成我的书；促使我开始我的未来计划，改变我的品牌和业务重点。

通过这种方法,我一直保持对事物的中立态度,而不是低头沮丧。实际上,我已经成功地转移了我的业务重点,并完成了我的书《简单方法》(*The Simple Way*)(你现在读的是自那次"衰退"后的第二本书)。

你拥有巨大的思考力量;只要你愿意去做,有意识地观察大脑的活动,你就可以有意识地利用它来改变你所有的日常经历。

这里有一个开始你的改变之旅的好方法:花一个星期的时间来观察你当前对"好/坏"的解释。

每天结束时,记录当天事件(会议、谈话、其他事件);并将这些事件分为"好"或者"坏"。完成后,再回过头仔细阅读一遍这张清单,并挑战自己的想法(你的同事可以帮助你提供中立的意见)。找到各种事件中中立的、真实的一面。

这一过程会慢慢说服你的大脑,让它相信你有选择的能力。

你的大脑最初可能会抵制这样的挑战,但如果你能看穿这一点,我保证你绝不会再回到这一状态!

笔记 9：设定健康的目标

目标设定和目标达成是时髦的概念，它们是属于冠军和超级英雄的东西，不是吗？有目标、谈论目标、调整资源、将精力集中在目标上，这些会产生巨大的影响以及强有力的领导活动。

设定目标可以激发出人们迫切需要的清晰感和专注力，并成为决策和行动的惊人驱动力。但设定目标本身存在一定风险，你可能会弄巧成拙，进而限制目标的真正实现。大多数人都没有意识到这一点。

这里有一系列简单的步骤，可以帮助你回避目标设定中存在的风险，更快速地实现你想要获得的结果。不管你是贪婪的目标设定者，或者是很少设定目标的新手，还是彻头彻尾的目标回避者，这些步骤都适用于你。

不可忽视的风险

目标,根据其性质,被设定为对某种未来状态的描述。目标代表了改进、改变、转变、获得及清理。在你的目标确立的瞬间,你的大脑释放的化学物质以及围绕在你身体周围的能力常常将你与一系列负面情感联系在一起:对当前处境的失望(与目标相比)、急躁(还没有达到目标状态),以及当前焦点的失衡(你的心已经脱离"现在",漂流到了目标已经实现的未来)。

这些无意识的心态会让你减速,让你不安,让你通往目标的旅程变得糟糕无比且充满抱怨。你的目标越有诱惑力,你越想脱离当下。你为什么要设定这么一个充满负面影响的目标呢?

更有效的目标设定方法

设定一个合适的目标或者你渴望的未来状态,然后暂停。是的,停下来,什么都不做,把它放在那里几分钟,然后重新开始思考(并写下)以下问题的答案:

- 什么对现在来说是正确的，而且当未来目标实现时还是正确的？
- 现在有什么证据（无论多小）能够证明我拥有足够的资源（或获取资源的途径）来实现这个目标？
- 当目标达成后，我会有什么感觉？现在我能体会这种感觉吗，哪怕一点点？

这种方法会让你感觉更好（任何时候），工作更快，更加满足，而且回报率更高（你会注意到一些新的成果，这些成果以其他方式是无法发现的），实际上你会意识到并敞开心胸接受所有其他你在"旅途中"获得的收益。

一开始，你可能会觉得这太简单，但这通常意味着你没有好好做这个练习，或者练习的难度不够。你要放松自己，让事情比你预期的更容易、更简单！

身为一名领导力教练、导师，有两条原则对我很有帮助："你得到了你所想的，无论你是否想要。"以及"你只会得到更多你已经得到的。"

保持简单，然后从这里开始，你所需要的一切比你想象的要近得多！

笔记10：清楚价值的自我认知

在我担任教练期间，我经常质疑自己带来的价值，尤其是在人生低谷时，我怀疑自己是否有价值；相反，在人生高潮时，我则为自己的聪明才智得意地忘乎所以。事后看来，在这两种情况下，我都忽略了重点。

你认为你增加的价值，可能并不是人们从与你的互动中获得的价值。所以，当你陷入低谷时，你不会注意到你仍在对身边的人产生重要影响。时局艰难时，你的观点会进一步扭曲。

如果不能清楚地理解你的使命、你带来的影响，你会进入一段艰难的旅程：尝试——怀疑——证明——辩解。工作质量反馈的缺席（这一步骤会在困难时期消失）会进一步加深你的疑虑。

你成功的增长、加速与你在所有工作环境中增加的价值密不可分。

我在这篇影响力笔记中的观点是，你要更深入、更清楚地了解你的真实价值，这可以让你更容易地增加更多价值，更容易地消除心中疑虑，更容易地调整并找到真正需要你影响力的其他领域。

一旦你发现了自己的价值，你可以很轻松地获得更好发展，将更多的价值传递给更多的人；无论你内心深处想要的是什么（金钱、认可、尊重、影响），最终都会获得。

为了确定你自己的价值，你要询问（并且写下来）：

你能解决什么问题？

这不是件显而易见的事。有时，你会解决人们已经存在的问题，有时则要阻止未来的问题发生。思考一下，你的参与、你的问题、你的做事方式、你激励他人的行为，会带来怎样不同的结果。询问你身边的人。

如果你在寻找超越你目前职位角色的方法，思考（并询问）你周围的人有什么问题依旧存在，甚至加剧。从他们的回答中，你可能会发现许多新的情况，而你则可以为此做些什么。

当然，同样的询问也适用于你的团队或整个公司。最重要的是，保持简单。

笔记 11：表达价值的自我展现

想要找到一个关于你自己、你的目标和个人品牌的有力的、积极的表达，这不是件容易的事。本章影响力笔记将会为你介绍一种发现新词句的方法，这些词句可以帮助你阐明自己对他人产生的影响。

这尤其适用于你已经准备好接受职业生涯的变化，例如进入领导角色。我们将超越简历中的内容，更深入地阐述你的本质、你所增加的价值（你正在增加的或者你希望未来能增加的），以及你希望自己对团队、客户、公司和市场产生的影响。

下面是一个快速、简单的流程，可以帮助你更好地描述你的意愿，提高你所用词语的影响力。

- **列一个名单**：包含让你备受激励的品牌、公司、产品或人物，它们会让你产生共鸣、尊敬或钦佩等情感。

不要想得太多,记下你脑海中出现的前 5~7 个即可。例如,我的一位客户的名单里包括了苹果(Apple)、美体小铺(Bodyshop)、哈罗德百货公司(Harrods)和理查德·布兰森(Richard Branson,维珍集团创始人)。

- **写下描述**:在每个品牌或人物旁边,写下你对他们喜欢、欣赏或尊重的特质的描述。我的客户对他名单上四个品牌/人物的描述是:新鲜、持续的思想交流;独立思考;创造良好体验;沟通并提供高质量的体验;协助消费者做出明智的选择;在几个关键领域挑战传统思维的卓越精神。

- **把你对它们的描述当成你对自己的描述**:非常简单,就是把这些描述放到你自己、你的品牌和你的工作方式上。

这些公司或人物吸引你注意、激发你创造性思维的闪光点,往往是你自身某些潜在品质的反映——这些潜在品质可能正处于休眠状态,无法被你认知或表达,它们正在等待你的激活。

本质上，你是在"借用"并试用这些词句。在这一过程中，我的客户从一开始对自己的模糊描述，到最后为自己找到了一套清晰的新属性，这些新属性让她感觉良好、备受激励，同时也让她感到这就是真实的自己。

即使你不打算换工作，这仍然是一项强大、积极的练习，它会迫使你反思你的意图和你的旅程（有时还会帮助你注意到你对自己未来的期盼，以及这种期盼与你目前情况的差距）。

笔记 12：照亮真相的火炬

我们普遍认为我们的感知能力就像一个可以照亮真相的火炬，但实际上，感知所做的大部分工作都是为了创造你自己的真相，而不是反映客观存在的事物。它更像是一台播放电影胶片的放映机。

我心中的英雄之一，畅销书作者和励志演说家，韦恩·戴尔（Wayne Dyer）博士曾说过："如果你改变你看待事物的方式，你看待的事物就会改变！"

在最近的几个星期、几个月里，我一次又一次地感受到这句话对我的冲击，它启发了我，改变了我看待事物的方式；毫不奇怪，你眼中的世界开始改变，并以不同的方式展现在你面前（也更令人愉悦）。

在你的世界里,有没有不符合你真正期望的情况、关系和地方?它们甚至让你对它们感到失望、沮丧、紧张、焦虑和愤怒?

一旦你进入这种状态,你大脑中的网状激活系统(RAS)就会开始工作,将全部精力都集中在你认为正确的事物上。

此时,你的感知火炬已经变成了放映机,它会播放你自己的电影,在屏幕上显示你想要的图像,并过滤掉其余所有信息。

你会为自己的火炬寻找越来越多的燃料,但这只会让你越陷越深,最终进入一种毫无帮助的、具有潜在破坏性的状态。

现在,回顾一下所有你不喜欢看到的情况、事物。询问自己以下问题(并写下答案):

- 我还有什么其他看待这种情况的方式?
- 还有什么我没有注意到的事实?
- 我真正想如何看待这种情况?

努力寻找证据证明你的另一种观点也有部分是正确的。

第一天,每小时做一次这个练习,此后每天进行三次练习。然后你会发现,你身边的事物开始改变,人们开始给你惊喜,你的处境会变得更轻松,你的前路也会一片畅通。

更进一步的解决方法是,将你自己置身于更容易引发不同视角、观点的情境、对话或领域。

笔记 13：拥有完美的顾问

无论你的生活、职业或商业状况如何，有一位经验丰富、知识渊博的顾问为你提供意见，不管怎么说都是件好事。这对领导者来说尤其重要，因为他们通常被视为潜在的孤立角色，他们会静静地保持对自己内心的关注，绝少会寻求建议或与他人分享自己的内心世界。

问题是，这些顾问是谁？他们住在哪里？你要怎么联系他们？他们愿意就你的情况进行咨询吗？

这些问题的答案比你想象中的要简单得多。

对你和你的情况来说，潜在的完美顾问就是……你。

灵感来自内心；洞察力也来自于内心。调查、反省、暗示、创新、影响、激励、直觉，这些都来自于你的内心。

警告：一个问一些糟糕的问题，或者只会简单发表意见的消极顾问，很快就会被你自己无视掉。如果这是你目前的自我咨询状态，那么难怪你还要满世界寻找更好、更准确、更可靠的建议。

完美的顾问（你）可能需要一些技能上的更新。这里有一个升级技巧，它会对自我顾问的效果产生不可思议的影响。

升级顾问的问题

我们许多自我询问都是从"为什么……"开始的。这会引发一个"因为……"的回答，这样的回答只是为了证明问题的合理性，很少会引来新的、创造性的投入。所以，别再问"为什么"了。

以"什么……""如何……"或者"怎么才能……"进行你的问题。这些问题会创造出一个全新的空间，让你的大脑进入其中并寻找答案（灵感、知觉——来自内心的）。

例如，在遇到顺利或者糟糕的事情时，不要抱怨"为什么会发生这种情况"，而是询问自己：

"这能教会我什么？"

"我想如何处理这个结果？"

"我如何利用这次活动来帮助自己？"

提出问题并让你的"内部顾问"进行回答。为了达到最好的效果，你需要将"内部顾问"的建议写下来，过一段时间再次回顾——他们总是会想出一些有用的东西，你甚至可以和他们预定定期的咨询会议！

需求力

释放你的影响力习惯

....

重复的行为造就了我们。然后你会发现,优秀不是一种行为,而是一种习惯。

亚里士多德

明确意图和目标可能具有强大的吸引力，但在其原始状态下，它无法广泛地吸引到他人。以下几章将帮助你发展你的视觉品牌和包装，以鼓励你创造想法的欲望。这些影响力笔记旨在帮助你激发周围人对你的热情和兴趣，让你带领他们一同走向你的愿景。

笔记 14：呈现内心的外表

你的外表是你品牌的外在象征，它具有巨大的影响，同时也是你内心状态的反映。你的外表是你自身的包装，是你存在的一部分，这很重要。它是你与任何新遇到的人交流的第一方式，也是非语言交流的重要方式，它告诉对方你是否在认真地做生意。

80%的交流是非语言的，但很多人不喜欢衣着在非语言交流中的作用。你的衣着对你的话语有着很好的诠释作用；衣着可以暗示你的一致性、完整性，进而对你言语表达的内容进行支持。

例如，假设你打算赢得一家大型跨国公司的审计客户，你的口号是："我们更精准，更注重细节，更关注小事。"然而，当出席会议时，你穿的西装少了一个袖口，打的领带有点短，穿的袜子上有奇怪的图案，鞋子也满是灰尘。于是，你信息的完整性和一致性就被破坏了，因为你的衣着表达出的可并不是"精准、注重细节和关注小事"。

想想你的同事们，他们是如何着装、如何展示自己的。想想那些总是"打扮得体"的人，他们有着简洁的发型，得体的着装，干净、时髦的鞋子，以及对配饰细节的关注（公文包、手机、手包、袖扣或饰品）。他们的外貌传递出怎样的信息？他们的外貌和你认识的他们是一致的吗？你对他们的评价如何？你与他们的互动证明你对他们的印象是对还是错？你对衣着的选择没有对或错，它只是你影响力的一个方面。

现在，想想那些外表看起来"不那么重要"的人。他们可能胡子拉碴，拿着一个杂乱堆满纸张的袋子，看上去总是很累、很紧张。这种视觉表现对他们的工作方式有什么影响？当然，这样的结论可能并不正确，有趣的是感知的力量会被随后的行动、言语或行为所限制（或对抗）。

外表对你来说可能并不重要，但如果你看起来凌乱不堪，他人心中各种下意识的旗帜就会升起。你的工作可能是精准高效的，但其他人怎么知道呢？他们只会追随一个看起来很有魅力、工作毫不费力的高效领导者,一个外表与所传达信息一致的人——所以,你就要让他们看到这样的一个人。

第一次会面时你表现的如何?你可能不会注意到你的午餐在衬衫上留下的污点,也不会注意到你姐夫在圣诞节送给你的搞怪袖扣,但对方可能会注意到,他们会将这些信息与其他东西整合到一起。你两年前引以为豪的那套西装已经松垮不成形了;上个月开始你就打算去理发,但一直拖到了现在。你可能忘记了这些外貌信息,或者只是粗略考虑一下,但是对于一个不认识你的人来说,这些信息是总结你是谁、你的工作方式如何,以及你与他人关系如何的重要证据。当他们第一次遇到你时,由于你无意识的决定与你的影响力不一致,因此造成你的影响力大打折扣。

拥有影响力并不意味着你要关注自己行为举止的每一个微小细节,但你的确需要思考自己在别人面前的样子——你每天都会发出怎样的信息?如果这些信息与你是谁、你在哪里、你想在哪里相一致,那么就太好了。花点时间来评估你外表的影响力是值得的,你只需要检验它是否与你的意图相符。

只是简单地重新整理一下你的衣柜,对你的衣服分下类,并只穿合适的衣服和干净的鞋子，别人会立刻注意到你的变化。从此时开始，你要接受你的衣着也是你个人品牌的一部分，不管是细条纹西服还是夏威夷衬衫。

当你评估你的个人影响时，很容易陷入对或错的误区，或跑偏到对他人及其影响的评判中。影响力不是一种价值判断，它是要将你所拥有的影响力与你所期望的结果（对你是谁、你代表的事物以及你前进的方向更加确信）联系起来。

如果你是一名艺术家，那么你需要一个包括服装、风格、文化和言语的特定组合，这一组合并不遵循大众规范，例如要整洁或给人"干练""高效"的感觉。只要信息与你的意图一致，你的视觉外观选择就是完美的。

如果你想被视为一个成功企业的高效管理者，那么你就要摘掉你的搞怪袖口，擦亮你的鞋子，剪一个干练的发型，这些会将你的信息清楚地传达给外部世界。化妆，不化妆，剃得干净的下巴，或是经过设计的胡型，这些都是好的，没有对错，但你需要确保你想与世界交流的信息能实实在在地被看到。如果这些细节与你想要发送的信息不一致，那么你就是在破坏自己正在辛辛苦苦建立的关系，你需要花费额外的精力来消除人们从你的外貌信息中获得的错误假设。请为你省下这些工作和精力吧。你要清晰、简单、高效并一致地传达你的信息。

你在这里进行的所有调整工作也会反过来影响到你自己本身。你会感觉自己更清爽、大胆、自信；你可能会清理你的衣柜、理个发，或者干洗你的西服套装——无论你做了什么，你都会立刻获得更好的感觉。

这些改变对其他人的影响可能需要一些时间才会显现。每天都要和你见面的那些人，无疑会注意到你的情绪、外表，以及你能量水平的变化，但他们可能不会表达出来。神奇的事情会发生在几周或几个月后，此时，你的新形象已经会在你不对它进行思考的情况下产生最大影响力。一个看似偶然的会议或谈话突然结出丰盛的果实；大宗生意会忽然出现并砸到你的头上；或者来自你关系网络的某人为你带来新的重大机遇。所以，你现在就要做出改变，在不久的将来你会获得回报的。

以你目前最好的状态进入这一领域。首先，你要对自己进行影响力扫描，从鞋子到头发和帽子，询问自己："这个形象和我是谁，或我将成为谁是一致的吗？"检查你的衣架，挑选你的化妆风格，刮好胡子，擦亮鞋子，注意你的整体视觉效果！

附言：如果你不知道该穿什么或者做出哪些改变，不知道什么适合你，什么不适合，你可以从你最信任的支持者那里获得建议。你甚至可以聘请形象界的专家为你服务。你不需要成为专家，只需要与那些专家合作就好——千万不要瞎决定。

笔记15：挑选正确的"灰与蓝"

正确的衣服颜色对你的外貌影响力有着重大影响，但人们往往低估这一点。不过他们可以花上数千美元雇用色彩顾问来解决这个问题。正确的颜色不仅仅是要衣服与肤色相匹配，它还具有更深层次的影响。有没有想过为什么政客们总是穿着昂贵的海军蓝套装？因为海军蓝会传递出权威和力量；同时，这也是警察制服的颜色，可以进一步巩固他们的权威。

在克服了最初的恐惧之后，我开始与安德鲁·菲尔德（Andrew Field）合作。安德鲁·菲尔德是一位经验丰富的专业裁缝，经常与汤姆·詹姆斯公司（Tom James，世界最大的服装定制生产商）打交道（他的客户都是企业高管，他的"商店"就是高管们的办公室）。在很短的时间内，我从他身上学到了很多东西，并将这些灵感加入到了影响力笔记中。

安德鲁关于西服和商务衣着颜色的实用观点如下：

- 柔和的中灰色（mid-greys）是传达坏消息或建立关系时穿着的颜色，它使我们看起来更友好和平易近人。
- 深炭色（dark charcoals）是传授经验时的颜色，它使我们看起来更老，"更严肃"。
- 浅色，丰富的蓝色使我们看起来更年轻，更有活力，更有趣。

服装影响着我们的日常生活，它可以支配我们的感受、我们的表现、别人对我们的看法以及我们对自己的看法。它可以帮助我们打开大门获得更多机会，它会影响我们的事业、爱情生活、人际关系，甚至我们的话语。衣服穿在身体外，但它与我们的内心、我们的性格、信仰、我们的愿景，以及我们希望世界对我们的看法息息相关。对衣着的调整可能需要你投入一些时间、思考，寻求他人的建议，当然也离不开你的钱包。但如果你做得好，衣服可以成为你想要获得的影响力的有机组成部分。

一个好的裁缝会帮助你根据你的生活方式，工作及休闲活动来调整你的衣柜，这样你就不必整天与蓝色和灰色打交道了。精心装扮是你影响力的组成元素之一，而一切都从颜色开始。

笔记16：散发魅力的"邦德先生"

我还没有和国际间谍合作过（据我所知还没有……），但是电影《007》里，主角完美的衣着以及他对衣着魅力的充分利用，给了我巨大启发。着装的选择对你的表现、自信程度、商业决策、效率和能力水平都有着深刻的影响。本章影响力笔记旨在提醒你着装一定要配合场合，如果有疑问，请学习詹姆斯·邦德（James Bond）的优雅着装。为穿得太正式而道歉，总比随意着装要好。

现代社会中仍然充斥着传统的着装规范和"制服"，它们就是你出席活动、社团、俱乐部和其他邀请的黄金门票。想想要求男士穿着"黑色或灰色的全套常礼服"的皇家赛马会，或是那些要求穿着西服夹克和正装鞋的餐厅。这些都是毫无讨价还价余地的标准，能否进入完全由服装决定。还有什么比被客户邀请参加活动，却因为服装问题被拒之门外更糟糕的事呢？

所以，你必须要提前检查自己的着装，如果不知道，就去问；因为着装错误而丢脸，这并不值得！

我们与自己穿着的衣服有着情感上的连接（通常是无意识的）：品质、剪裁、品牌、款式，还有实用性和舒适度。这些也会影响你的情绪和表现。

无论你喜欢与否，世界每天都会用你的衣服来评判你；人们普遍认为，我们在见面后的三秒钟内就已对对方做出评价。人们对你的评价几乎完全取决于你的外表和个人形象。

继色彩之后，你需要记住的第二个服装选择元素是：面料。

为你的衣着选择合适的面料，这对你的影响力表现来说也十分重要。

例如，你买了一件亚麻布做的海军运动夹克，然后穿着它去参加会议。你的目标是让自己看起来锐利、美观和整洁；然而亚麻布的特性在于强度和热调节，它很容易起皱，看起来皱巴巴，让人感觉你很松懈。

那么,换上一件厚重的羊毛外套呢?在你进行演讲的时候,羊毛外套会保持笔挺的外形,让你看上去十分棒。但如果你感觉到闷热,那么它给你带来的就是负面影响了。闷热和不舒服让你无法以一种轻松和自信的方式面对你的观众。

为了确保你的衣服能产生预期的影响效果,花点时间了解面料的性能和强度还是很重要的。安德鲁·菲尔德的建议是,无论什么场合、穿着什么服装,你都不能错过高品质、中等重量的美利奴羊毛。

你永远不会有第二次机会给人留下第一印象,所以要穿上合身、搭配得体、协调一致的服装,它们会让你看上去睿智干练,帮助你留下良好的第一印象。"邦德先生"效果是真实存在的;想想他是如何毫不费力地吸引到他遇到的每一人,并赢得每一次谈判的。如果你长得像个首席执行官,穿得像个首席执行官,那么人们就会认为你是首席执行官。

"权威穿着"(power dressing)这一概念已经被广为接受,但并未在日常生活中得到实施。为什么要把你的"权威穿着",及其体现的强力自信留在某次特殊活动或重大场合呢?别把你最好的西服套装或服饰组合留给重大场合。更新你的衣柜,让每一天都是重大场合。

你的目标是,每天都让自己感觉是詹姆斯·邦德。

笔记 17：打造完美的第一印象

"早期印象很难从头脑中消除。一旦羊毛被染成紫色，谁又能让它恢复成白色？"

——圣杰·罗姆（Saint Jérôme）

想象一下这个场景：雷切尔迟到了（可能是向客户汇报工作或是第一次上门销售）。她呼吸急促，体温过高，手心出汗，双手颤抖。但她的客户脑中只有她的错误。此时客户关心的是自己等了她多长时间，而不是她那有见地的报告或推销材料；客户脑海中更多的是雷切尔黏糊糊的握手和皱巴巴的衬衫，而不是她那友好的双眼。

在会议开始之前，客户已经吸取了雷切尔的大量信息。她没带现金，但咖啡馆不接受借记卡或信用卡。她在公文包（满是文件）的深处摸索着找笔。她掏出了一支脆弱的塑料笔，然后因为不出墨水，在纸上疯狂地划动了两分钟。雷切尔试图找到她在火车上做的笔记，随后她意识到她将笔记和火车上的免费报纸一起留在了座位上。

雷切尔认为这一切都不重要，重要的是她和她的团队的能力。她很聪明，有上进心，喜欢自己的工作。她将这些凌乱的细节解释为一个有创造力的、思维活跃的人的表现，一个"真实"、不呆板的人；但实际上，客户认为她缺乏条理性和专注力。在双方讨论的前 15 分钟里，客户试图让自己摆脱对雷切尔迟到的不满，因为这已经浪费了一半的会议时间，他还需要按时回到办公室去完成其他工作。

雷切尔完全可以给出客户很长一段时间以来听过的最好的销售演讲或工作汇报，但最初的印象让她的最终努力付诸东流。客户改变了之前的看法，不愿做出承诺，并最终选择了另一家供应商。一开始，雷切尔对这次失败感觉很糟糕，但经过一番思考，她找到了很多理由来合理化这次失败。

我经常看到这个故事的不同版本。

对于客户来说，你做一件事的方式，就是了解你如何做所有事的线索。

线索可能并不总是准确,但对于一位新客户或同事来说,这就是他们能得到的所有信息。所以,你要花些时间审视并加强你的衣着外貌,你的公文包、钱包,以及你的办公环境。如果你经常出去开会,那么坐下来,把你随身携带的"工具"列一个清单——确保它们看起来都很像样,与你的项目形象保持一致;设计一个系统,让你的会议日程更加简单顺畅。

你需不需要准备一罐零钱停车及买咖啡?在你定期进行会谈的地点要求记账或开个账户,会不会省去你满身翻找零钱的麻烦?你需要在包里准备个文件夹存放纸质资料吗?一个简单的系统可以实现你的商务表现的自动化增强,并立刻增加你的个人影响力。

其核心是对你信息的定义。在最初的几分钟里,或者在那些重要的日常交流中,你想传达出怎样的信息?

积极性	效率	领导能力	胆识	安全性	谨慎
关心	前沿性	确定性	灵感	行动	速度
勇气	可靠性	物有所值	一流	优质	

这个列表并不详尽,你可以选择3~4个吸引你的词。

现在，以这些词语作为筛选条件，对产生第一印象的所有元素再审视一遍：你的西装、鞋子、公文包。它们与你选择的词语是一致还是相反？

这一过程可以帮助你确定你现在在哪里，以及你想要去哪里。老话说得好：你的着装是为了你想要的工作（环境会共同促成这一点）。

你的影响力是为了创造一个公平的竞争环境，这样你的创意和高效工作就会受到热情积极的观众们的欢迎，他们已经准备好倾听你的声音。做好这一点，剩下的自然就会出现。

笔记 18：重聚分散的专注力

你希望自己能集中注意力、富有创造力和成效。但你无意识中养成的一些习惯会降低你的专注力，进而降低你的影响力。

在对客户的指导工作中，我发现他们越忙，就越容易陷入这种状况中。当你对自己的要求增加时，你的专注力就会减弱。

这些坏习惯有多少进入了你的工作中？下面这 10 点可以帮助你快速识别出那些影响你专注力和工作效率的习惯。

1. 专注于智能手机上的游戏。
2. 在日程的所有间隙都要打开音乐，通过车载音响或耳机收听。
3. 安排连续（甚至重叠）的会议。
4. 同时做两件（或更多）事情（写电子邮件，制作幻灯片，同时参加一个电话会议），并给自己"完成更多"的错觉。
5. 带着阅读材料或电子邮件设备上厕所。
6. 在杂乱/烦人的环境中工作。
7. 强迫自己思维加速（思考，思考，更快，更快），只将少量的时间留给你的创造力。
8. 允许分心的事物将你带离"专注的任务"。
9. 没有摄入足够的食物和水（口渴和饥饿会让大脑的能量消失）。
10. 忽视呼吸质量（长时间浅呼吸）。

仅仅注意到这些事情就足以对你产生积极的影响。你可以将这个列表打印出来，放在显眼的地方提醒自己，并通过有意识的思考选择一种更有力的方式进行行动。一次消除一个坏习惯，可以让你的专注力得到有效提升。

关于专注力，这里有个简单的事实：少即是多。每次只专注于一件事，这可以释放你的整个大脑，也可以减轻你的压力。

笔记 19：调整状态的呼吸

我们生存、生长和繁荣所需要的基本物质，大量存在于我们的身边——氧气！我们拥有一个不可思议的自动系统来收集氧气，并将它分放到身体的各个部位。然而，当我们最需要氧气的时候，当更多氧气可以显著增加我们能力的时候，我们反而会无意识地减少氧气的吸入，让呼吸变得更加困难。获得这颗"仙丹"，你的潜力就会增加！

当我写这本书的时候，我个人面临着一系列困难的挑战，这些状况需要我集中精神专注思考，然后采取一些决定性的行动。在这一过程中，我注意到我的行为和能量发生了显著变化。

面对艰难境遇时，很可能你拥有自己的（无意识的）专注技巧，将所有精力都集中在一件事上。我观察过很多人的专注技巧，包括我自己在内，我发现我们有一个共同的、会抑制我们潜力发挥的坏习惯。

那就是身体的"稳定"以及"收紧"模式（无意识地屏住呼吸或浅呼吸，收紧肩膀和下巴），这些行为会限制大脑的思考空间。有意识地放松身体，可以让你获得更好的状态，进而提高你的工作成果和质量。

当你集中注意力，强迫自己专注于某一困难问题上时，你会下意识地给自己安装一个精神上的"握柄"，将自己收紧、让自己处于极度紧绷的状态。这种高度紧张状态可能会产生以下一个或多个身体上的变化：

- 你会皱眉。
- 你的瞳孔会缩小。
- 你的背会变弯。
- 你的肩膀会向前弯曲。
- 你越来越靠近你的工作资料（纸、书或屏幕）。

还有，我几乎要教导每个人（并从中学习）的：

- 你的呼吸会变浅。

所有这些身体变化都在向你的团队传达否定的、限制性的信息。你的身体在与团队成员们对话，它反映了你的内心状态。作为对这些负面信息的回应，你的团队成员们不太愿意为会议献计献策，或下班后还与你一起待在办公室里，或在他们目前负责的项目上投入额外的精力。改变你的肢体语言，是调整你内在状态的第一步，也是解决困难与挑战的最快方式。

上面所提到的最后一点是最值得关注的。当你的呼吸变浅时，你将会触发人类身体的基础机能，它会让你的活动变慢，并将活动范围缩小到最重要的那一件事上。你的情绪范围会减少（从担心，到紧张，再到沮丧，不会有其他情感出现），你的注意力会降低（限制了你创造力和创新思维），你的恢复力会降低，你会变得易怒并准备好随时反击外界的干扰。

每当你注意到这些身体状态出现时，无视它们，做相反的事情。站起来，伸展身体，睁大眼睛，转动肩膀，远离工作。获取你的"仙丹"——呼吸。做 6~10 次深呼吸，慢慢吸气，短暂停顿，慢慢呼气。

你的状态将获得改变，你将重新做好面对挑战的准备；重要的是，你发送给周围人的身体信息也会改变，你将再次回到那个积极的、鼓舞人心的、灵活的、有目的的领导者位置。

笔记 20：追逐自我选择的快乐

你决定自己多快乐／幸福，你就有多快乐／幸福（这也取决于你的外貌、目前境遇、教育背景、健康程度等等许多其他因素）。作为一名领导者，如果你的外部信息传达出真实、激情和意图感，那么你对他人的吸引力就会更大。重要的是，你的存在会向周围的人传达积极的信息。人们不会去追随一个表现出忧郁、沮丧和匮乏的领导者；如果他们这样做了，他们就不太可能参与到与领导者模式（即，忧郁、沮丧和匮乏）不一致的想法、行动或态度中。

你几乎肯定会找到足够让你沮丧或高兴的东西，对于大多数人来说，人生经历都是这二者的混合。在进行培训交流会议时，我偶尔会询问参与者，他们认为自己一个月有多少天是快乐／幸福的。大家的反馈各不相同，但很少有人接近 100%，大部分都在 50% 左右。

这激起了我的好奇心,身为一名领导力教练,提高客户的幸福感无疑是我的使命之一。关于追求快乐/幸福,有很多鼓舞人心的名言和思想启蒙者,还有一部威尔·史密斯(Will Smith)主演的《当幸福来敲门》(*The Pursuit of Happiness*)的电影。

简单来说,快乐/幸福是以下两件事的结果:

- **快乐/幸福事件**:这些是自然发生的,能够刺激你获得快乐/幸福的事物;例如,美味的食物、令人捧腹的幽默、充满爱意的拥抱、获得胜利的时刻,或是获得梦寐以求的工作、合同或交易。当我们经历了很多这样的事情时,快乐/幸福似乎是件很容易的事。当快乐/幸福事件出现的间隔变大,你就要更加努力去获得快乐/幸福。有时你会发现自己正在追逐快乐/幸福。这种欲望会变得贪得无厌,甚至当快乐/幸福事件自然发生时,它也不以为意,并继续找寻,找寻更多的人、事和即时满足感。可以理解,这是一个成瘾的、扭曲的危险状态。

- **快乐/幸福的选择**:人类大脑的独特进化赋予了我们

额叶前皮质，这是一个强大的单元，它可以对任何真实或想象的事情做出充满情感的解释和决定，并将我们的情感状态转移到它身上。充分利用这个工具，任何东西都可以"让你快乐/幸福"。这是一个选择，不需要任何特殊元素或外部动力。一个自给自足的幸福制造机！

实际上，自然的快乐/幸福感可以在瞬间达到顶峰，但很快就会消退，这让我们产生了对它的渴望和追逐。有意识选择的快乐/幸福的持续时间更长，经过锻炼后，它更容易产生、调节和维持。

随着"选择快乐/幸福"技能的提高，你的个人适应力也会显著增强。这也意味着，当自然的快乐/幸福事件出现时，你会以一种更平衡的方式来对待它们，欢迎它们，但你并不需求它们。

这可能是你今年要锻炼的最重要的技能。当你决定快乐/幸福时，一切都会改变。

笔记 21：轻松获得的自信

你是一个自信的人吗——一个需要充满信心才能达到最佳状态的人？

自信和信心不足时的表现可是天差地别。信心不足的状态就是一个领导力的深坑；本章影响力笔记提供了一些轻松获得信心的简单方法。

许多体育明星都使用"自信的运动员"（confidence player）来描述当他们感到自信时，他们的场上表现和才华是如何显著提高的。最近，我和一位前客户学员相处了一段时间，她说自己已经失去了所有信心，她不能相信自己能再次回到最佳状态。

这让我备感震惊，并推动我重新审视自信与否的巨大区别。当你充满信心时，你更有可能：

- 微笑。
- 获得（你所做事情的）成功。
- 站得更高。
- 承担更大的风险（或者说，在某种程度上与风险有着更健康的关系）。
- 以"事情肯定会解决"的心态预计并行动。
- 更自由、更积极地思考。
- 有抵御问题、冲突和困难的能力。
- 在时间安排上做出更好的选择（选择重要的、非紧急的、能提高生活和目标的事情）。
- 减少应激反应。

以上这些特征都会证实、增强并巩固你的自信状态。

当你的信心较低（或消失）时，你更有可能：

- 皱眉。
- 怀疑自己。
- 弯腰和驼背（无论是坐着还是站着）。
- 拖延。

- 做出最坏的预期和计划（并且，就像施了魔法一样，吸引一些能证实这一点的情况）。
- 犯错误。
- 回避风险。
- 消极地思考，这样"想出有效方法"就会变得越来越难。
- 韧性低，很容易被打倒，或被反对者和消极意见者动摇。
- 做出糟糕的时间安排（例如在同一件事情上停留太久）。
- 容易分心。

以上这些都会增强、巩固你的低信心或无信心状态。

所以，当你自信的时候，你会以自信的方式行动，当你不自信的时候，你的行为也会让你保持在不自信的状态中。其实你可以控制这两者，只是在读到本条影响力笔记前并没有意识到。

当你处于自信状态时，你不太会注意到种种不自信（第二个列表）特征的出现，直至你明显陷入不自信状态。这些特征就像是大坝上的小漏水点，一开始似乎无关紧要，但最后会造成大坝崩塌，洪水泛滥！

经常停下来检查你的信心水平，并立即采取矫正措施。在几位首席官员的身上，我还观察到了脱离"自信状态"的模式。同样的特征会以同样的顺序重复出现。意识到这一点，它们可以成为你预防"自信滑坡"警示器。

从低自信状态转变到高自信状态，需要你经过思考的、有意识的行动。当你身处这种状态时，激励往往是遥不可及的；坐等奇迹般的外部激励出现并改变你的信心状态，这种行为是徒劳的。

以下我列出了三个重要领域，可以帮助你提升你的信心状态：

- **人**：列出你身边拥有正能量的人（当你与他们互动时，你会感觉更好、更快乐、更专注、更确定）；中立和消极的人（他们会让你感觉筋疲力尽）。最明显的调整方式是：将和消极人士的面对面交流的时间降低到零，尽可能增加每天和积极人士的交流时间。

- **身体**：检查并提高你的饮食质量（减少酒精和烧烤肉制品，增加富含维生素和水分的食物）。多进行对你有利的身体活动，避免长时间的久坐不动，可以适时停下来伸展下身体，进行深呼吸 10 次。

- **媒体**：停止使用主流媒体（电视、广播、报纸和互联网）中的消费性、娱乐性内容，只接受对你工作和事业有用的内容。将你原有的阅读时间用在积极的内容、文章和书籍上，你还可以写写日记。

这三个步骤每次都十分管用。

可能你现在并没有处于低潮期。但当这种情况出现时，你可能已经忘记这篇影响力笔记，以及快速恢复信心的三个简单步骤。所以，你最好在这一页上做个标记，复制一份，并放进你的"紧急应对方案"文件夹中。

笔记 22：忙碌中的最佳选择

"没有更好的了"（nothing is better）——你如此忙碌，如此充实，没有任何意识的选择就像磁铁一样吸引着各种各样的事物进入你的生活。一个心慌意乱、压力重重的领导人发出的视觉信息肯定不是冷静和高效。本章影响力笔记的关注点是"什么都不做"（simply nothing），这很可能是你可以做出的最佳选择。产生影响并不是说你每时每刻都在行动……你的存在就是正在传递沉着和有意图的行动。

现今，你被越来越多的数据信息所包围。电子邮件、电子文本、社交媒体订阅、诱人的在线游戏和应用程序、会议、电话、提醒，还有你要进行的工作、要阅读的信息、要寻求的研究、要进行的对话、要影响到的人。

寻找并遵循你的意图，并以此为基础穿过这片数据的沼泽，这是每个人都面临的挑战，尤其是那些身处组织高层的人——以及那些拥有助手的帮助整理自己日记，以便达到"最高效率"的人。当你越来越忙的时候，你很可能会放弃一部分有意识的选择，比如你做了什么，你都在哪些地方花费了时间。这几乎是不可避免的，但不是必须的。

现今社会比以往更多的是，"没有更好的了"。没有什么是你可以做出的最好的选择，没有什么能让你重新审视你的关注点、你的意图和你的力量。

没有空间可以填满毫不重要的社交媒体信息和游戏程序；没有喘息时间可以让你在会议间隔调整一下、沉浸在自己的思绪中、静坐思考一天中剩下时间里的关注焦点；没有时间可以让你漫步向回家的火车，有意识地进行呼吸，放松你的身体，而不是不停地阅读和发送信息。

- 没有什么比在手机上玩游戏更好的了。
- 没有什么比在火车上阅读社交媒体更好的了。
- 没有什么比读免费报纸更好的了。
- 没有什么比填入你平时"杀"时间的习惯更好的了。

积极地书写日记，安排时间进行静思和计划，不管你能给予它们的时间有多短——我保证，你从中获得的收益将远远大于你投入的时间，因为那些最忙碌的领导者们已经实践并证明了这一点。让你的员工（助理、团队成员）参与到你的日记创作中，这样"没有喘息时间"就不会被认为不重要了；小心地维持下去，你会惊奇于它们带给你的高效与成功。

笔记 23："爱"与"做"的评估

如果你热爱你所做的工作，你的热情和精力将会为你增添巨大的感染力。你已经走上了以真实性为基础的影响力产生之路。如果你需要找到可以改变你生活的激情，那么请继续读下去；除非你做出改变的决定，否则你的生活不会有任何改变。

你可能并没有想过你拥有对自己感受的选择——在任何特定的情况或环境下，或者对你现在被要求承担的角色；但你其实是有选择的，这是我们最真实、最终极的自由。

你可以决定你对所有事物的感受（而这一决定源于你的创造力、能量、效率和潜能……）。你的影响力始于你向世界传达自己能量的意图及有意识的决定——你可以选择让别人如何看待你，以及你的目标是什么。

我从领导力教学经历中获得了一份珍贵的礼物："做你爱做的，爱你所做的。"这句话指导了我的许多决定，也指导了我如何指导他人。我必须选择！在混乱中，这似乎是最困难、最违反直觉的行动，但它是正确的。

这就是本章影响力笔记的要点——现在是评估你意图的最佳时机。为了过上你应得的美好生活，每件事都可以——事实上，每一件事都必须——是这两种类型中的一种：

- **做你所爱的**：这些活动能给你带来微笑、鼓舞你、增强你的能量，它们可能很容易也可能很难，但你肯定喜欢和它们在一起。你感觉自己生来就是为了做这些事。如果这些活动不能在你的日常生活中占据相当一部分比例，那么你需要在这里多做些工作（多读读本条影响力笔记，开创一些新想法）。

- **爱你所做的**：如果一件事没有进入上一条，那么它需要进入这一条。即使你现在不喜欢它，你也要找到爱它的方式，这样你才能够获得真正的幸福。例如，停止对管理会议的厌恶、憎恨，询问自己："这可能有什么好处呢？"

"做你所爱的"比例应该大于"爱你所做的",除此之外我不认为这二者间还有其他的完美比例。第一种感觉更自然、愉快,尽管你可能对自身价值怀有疑问,并因此产生愧疚感,但你还是想去做这些事情。在第二种情况下,你对该事物的态度还不明确,对与该事物的连接也存有一定疑虑——它还需要一些温和的、有意识的努力。如果你在该事物的一半以上时间都需要这种"温和的努力",那么你就会有些筋疲力尽的感觉。因此,你需要移出该事物的一部分——委派他人去做,找外包公司去做,付钱雇他人去做;总之就是不要自己去做它们。并立即将用第一类事物替换它们——做你所爱的。

笔记 24：随时保持的一致性

出于一大堆原因，你周围的人（你的追随者、潜在的追随者、批评你的人、对你有疑问的人）都在注视着你。他们会注视你是如何站着的，你是如何坐着的，你是如何走路的，你说了些什么，你怎么说的，你如何与他人互动，你的习惯行为，你的小动作，你出现在哪里，你不出现在哪里，等等。

可能这种观察并不明显；事实上，他们可能都没有意识到自己的这种行为。但你几乎一直都在视觉上、听觉上、情感上、精神上处于被注视的状态；从他们遇见你的那一刻起，到你走后的几分钟乃至几小时。

这里我们需要面对一个小小的风险，你可能会对本章影响力笔记的内容过分关注，对周围环境变得疑神疑鬼、神经分兮。不管如何，这对你的影响是非常重要的。你所发出的所有一致的信息都将巩固你的个人品牌，扩大你的影响力。任何不一致的言行都会干扰你发出的信息，降低你个人品牌的清晰度，削减你的影响力。

一致性就是本章的目标。

我的客户们会以很多富有灵感的方式来应对这一挑战。

其中一位客户发现了一种有趣的方法，来增强自己这方面的意识。艾莉森（Alison）在市中心工作，她注意到不管是街道、停车场、走廊、还是楼梯间，都安装了大量监控摄像头。她想象着那些摄像头无时无刻不在关注她，捕捉着她的一举一动。每次走到摄像头下，这些摄像头都会提醒她检查自己的姿态及接下来的表现。

另一位客户，格雷厄姆（Graham），用了一个月的时间在大脑中安装了一个评估自己选择和习惯的过滤器。这个过滤器很简单："这个东西（决定、行动、服装选择、行为）是未来的我会满意的吗？"这一举措帮助格雷厄姆在许多领域维护、改善了自己的形象。对他来说，最重要的改进是他出现的方式和地点。这包括他在博客、推特（Twitter）、脸书（Facebook）

和领英（LinkedIn）上发表的评论，以及他留在网络世界中的照片和图像。这也意味着，在着装和举止方面，他加强了他在"远离工作"时的形象。

你不会想看到一家跨国公司的董事使用脏话抨击他们最喜欢的球队，你也不会想看到在他度假时穿着印有攻击性图案的T恤照片。当然，这些都是极端案例，不过问题很清楚。

你一直站在舞台上。你有影响力，你要成为榜样和楷模。

如果有人在监视你，他们看到、听到或感觉到的是会削弱你的影响力，还是强化？

笔记 25：远离糟糕的惊叹感

创造并扩大你的惊叹感，这是我能开出的最具解放性和缓解性的药方之一，它能最大限度地发挥你的领导影响力。

当生活艰难，你的情绪低落，感到专注的压力时，你发现事物中美好一面的能力就会衰退。你的自我意识（ego）会出现并引导你的思维，你可能会感到更害怕，从小小的挫折发展到恶化的关系，进而造成令人失望的大事件。这太糟糕了！

事后来看，我发现自己在 2011 年的不同时期都处于这种状态，我与身边所有好的事情都脱了——这是个缓慢、不易察觉的过程。几年前，我和同行教练斯科特·温特里普（Scott Wintrip）和杰伊·佩里（Jay Perry）一起参加了一个名为"简单有效"（Simply Effective）的培训项目，他们最有力的信条之一就是："每一件糟糕的事情都有令人惊叹的一面！"

这就是我在本章影响力笔记中向你发出的挑战。

发现你周围的令人惊叹之处，这会帮助你放松自我意识的控制，避免灾难的发生，并将你从恐惧中解放出来。这一招每次都很有效。此外，处于敬畏的状态实际上会消除你的无聊或失望感。

这是我发出的挑战……

现在，找出你日常生活中的五个自然现象（可能是你一直认为理所当然的景象）。思考一下这些令人惊叹的东西。例如，天空，你周围的植物和野生动物，风，雨，太阳，蜘蛛网，生长在石缝中的草，从这些事物旁走过的人们，等等。通过重复练习扩大你对"令人惊叹事物"的观察范围，包括你注意到的重要物品、技术、建筑物等等。不要做任何判断，只要抓住"令人惊叹"之处。

当你对自我意识的控制力恢复后，每天至少进行一次这样的练习。这一练习可以让你远离疲倦，实际上，它可以让你的工作效率获得显著提升。

当然，一开始你可能会感觉很不自然。因为你的习惯模式可能是关注那些可怕的东西，然后把它说出来，为之后悔，为之诅咒；但这些行为实际上是在将这些可怕事物喷涂在你周围的墙上。最终，你看到的、经历到的都是这些可怕事物，它们会一遍遍地跳出来提醒你它们的存在。你观察"令人惊叹事物"的潜力会变被遮蔽、掩盖。

通过对本章影响力笔记的了解和日常实践，你将让你头脑中的感官雷达得到强化训练。

现在，你要在每一个糟糕的日子里寻找令人惊叹之事。

拥护力

培养你的影响力追随者

··

只有出现在肉体中,思想才会变得强大;一个无法让个人和团体采取行动的想法,充其量只是书中的一段内容或一个脚注。

艾里希·弗洛姆(Erich Fromm)

当别人感受到你的绝妙想法时,你的创意和愿景就会以一种强有力的方式与世界相遇,并通过积极的倡导吸引他人加入。以下几章影响力笔记要求你对自己与他人的言语交流和身体交流进行反思;你如何鼓励他人围绕你的领导和目标进行讨论,让你的愿景自行产生动力?

笔记 26：创造敬业的团队

员工参与度 / 敬业度已成为几乎所有公司的关注要点。

你的团队、供应商、承包商和资源表现得越好、越积极，你们可以获得的成功就越多。

你必须对参与度 / 敬业度有着深层了解：它到底是什么，你要如何注意、如何衡量它，以及如何产生更多。所有这些都基于一个合理的信念：参与度高 / 敬业的员工表现得更好，他们会提供更好的客户服务，取得更好的成果，效率更高，更有创造力，离职的可能性更小。

毫不奇怪，现在出现了大量的测量工具和调查研究，为雇主提供了一系列强大的、可量化的参与度 / 敬业度指标。它们提供了一种可比较的标准来监控员工参与度 / 敬业度的进展（或倒退）。然而，我经常注意到，可量化的调查问题和报告反而成了工作目标，毫无实际意义的战略计划被频频制定，只是为了迎合一个或多个微不足道的指标。这里存在着巨大的风险，因为工作重点已经偏离，被蒙在鼓中的雇主还以为一切安好。

我认为，领导者及其领导行为的影响，是员工参与度／敬业度的核心，是员工积极参与的最重要因素。

所有公司都有一份让人望而生畏的工作要求列表，或要投入不间断的努力，确保员工从"闲散"状态转变为"忙碌"状态。我最感兴趣的是那些被认为"参与度高／敬业"的员工，以及你作为他们领导者的表现。

参与度高的员工看起来很敬业，表现得很敬业，总的来说，他们在正确的时间做了正确的事情。在最近与客户的一次谈话中，我们将"参与度高／敬业"的员工分为了三类，虽然在外人眼中他们的表现是相同的。你则在这三种类型的转化中起到了至关重要的作用。

- **必要型努力**：这些参与度高／敬业的员工会积极参与，做正确的事情，他们工作良好并能按要求完成任务。

这是他们的工作，他们的生计所在。企业要求他们这样做，他们就这样做。

一支由"必要型努力"敬业员工组成的团队可以确保工作的顺利完成。

■ **责任型努力**：这类员工会响应公司政策或管理要求，让自己表现得更加积极；他们拥有一定的主动性，会主动参与工作事务，会工作更长时间，会参加工作委员会或工作小组。他们绝对是所有员工参与度调查和指标最喜欢的群体。如果他们的领导要求他们跳，他们就会跳。但他们不是纯粹的追随者。他们自觉地或不自觉地被迫付出这种更大的努力，因为他们的职业保护和职业发展取决于此。他们的韧性比"必要型努力员工"要强，他们的直觉更敏锐。不可否认他们十分敬业，但这通常出于他们自己的原因（这不是坏事）。

一个由"责任型努力"的敬业员工组成的团队不仅可以确保工作的顺利完成，他们还可以取得一定程度的进步和发展。

■ **自主型努力**：这三种类型之间互有重叠，特别是"自由型"与"责任型"敬业员工，你很容易将他们混在一起。他们拥有高度的工作意识，会注意到需要或缺少什么，并大步向前进。他们不仅对自己的职位角色和公司非常投入，而且对自己的领导者也非常投入。他们会理解他们的领导者，与领导者的愿景保持一致并致力于愿景的实现。他们更倾向于采用与领导者相似的语气，以与领导者相同的方式处理事情；当领导者需要他们时，他们已经做好准备并扎稳脚跟。他们不一定会工作更长时间或者将所有时间都奉献给工作，但是他们对自己职位角色的意义和目的充满激情——他们可能会利用业余时间搜集更多与工作相关的资料，进行相应的研究，或者思考如何打造更好的产品或服务。他们在用心工作，而不是计时拿工资。

一个由"自主型敬业员工"组成的团队除了交付工作结果，他们自身也会产生巨大的影响力。

作为一名领导者，你在参与（或降低参与）中已经有了自己明确的角色；我对你提出的挑战是，提高你对团队参与度/敬业度的认知，并对这三种类型的敬业员工多加观察和思索。

随着你的影响力的日益扩大，对追随者也愈加了解，你可以引导他们通过这三个阶段。

看看你的那些参与度高/敬业的员工们，那些辛勤努力的人。为了培养出"自主型"敬业员工，你的下一步就是深入了解自己的动机，然后用真诚和热情与他们沟通你的想法。阅读学习这些影响力笔记，你会发现你的个人影响——言语上的、身体上的——是如何引导你的敬业员工们分享你的愿景的。

任何一位称职的领导者都会推动员工参与度/敬业度的。但只有具有深远影响的领导者，才能创造出一支由敬业员工组成的团队，这些员工的自主努力将带来巨大的变化。

笔记 27：关注他人的愿景

你与他人交流的方式可以引出对方体内最好或最坏的东西。每个人都有自己独特的一套方式来解释你的信息。本章影响力笔记将会简化说明你与团队中每个人加强联系、并最大限度发挥你积极影响的方式。

你越忙，你对周围的人、你的团队或家庭成员的关注就越少，你或许无法继续提供他们成长、发展所需的信息。如果你经常通过生硬、简略的方式给予团队成员们反馈，那他们可能不太愿意做出自己的贡献。你可能并没有意识到自己在以这种方式进行交流，而且团队的下级成员也很少表达他们对交流方式的感想。

本章影响力笔记的目的，是将你的注意力拉回到你与他人的互动关系上。

你的团队、家人、朋友和利益相关者们常常需要你提供以下四种信息的组合：

■ **我做得怎么样**：他们是否取得进展或取得了哪些成果（有形的或无形的）？你可以给予他们积极的挑战，让他们完成更多。

■ **你同意并支持我吗**：对你和他们的关系以及你所做的事情保持积极乐观的态度，让他们说出来（你需要让他们的想法"走出来"，这样才能继续前进），并肯定他们。

■ **我有价值吗**：表扬他们的行动或工作质量（而不是他们本人），将他们的工作及其重要性联系起来，感激并欣赏他们的工作。

■ **这么做对吗**：确认他们的预期、工作的指导方针和原则，并提供客观信息——简单、清晰、明确，删除多余内容。

如果你没有提供给他们足够的信息，或者你提供的信息并不是他们在当前工作中所需要的，那么他们可能在无意识的状态下采取其他行动。有些人可能会变得更激进、操控欲更强，有些人则可能畏缩不前，或者沉溺于反复争论中。如果出现这种情况，你不要对这些低效状态进行反应或响应，你要回到上面四种信息的反馈中。你要主动改变你的信息传递时间和重点。祝你好运！关注你的团队，保持简单，并采取积极的行动。

笔记 28：不可思议的语言力量

你所说的话对其他人有着重大影响，但正如本章影响力笔记所示，你的话语对你自己也有影响。你有能力改变现实。

你使用的言语具有不可思议的力量，它们可以激发、改变或抑制你的激情。正如科学家、教育家和人类学家所说的那样，我们说话的能力既是我们最大的礼物，也是我们最大的诅咒。

当你说话时，你的大脑中会发生一系列变化，大多数存在于潜意识层面。通过话语，你将想法带入了现实。简单地说，我观察到讲话的三个元素。

首先，是对讲话需求的反应，以及讲话内容的来源。

第二，是单词的组合和传递（有时你会感觉这二者是相同的，但它们不是一回事）。

第三，你听到了自己说出的词句。

所以说，你说的每一句话都是经过三重记录和加强的过程。在你得到对方的反馈之前，你就已经相信并受到自己说出话语的影响，这会进一步巩固你自己的相关想法和观念。

当我与客户们在一起时，我会首先注意到对方的语言，包括词汇、语音、语调，特别是他们用来描述自己、自身处境和当前情况的词语。

任何真正的、持久的改变都必须从你自己开始；否则的话，你就会成为自身改变的最大阻力，因为你会不断重复相同话语、巩固已有观念和想法。当你说话时，你描述的现实可能只是（或可能不是）你自己的情况。更重要的是，你还确定了这之后的谈话方向和内容。但事实可能并非如此。你的话语是你和其他谈话中后续一系列想法的基调。

你可以改变你的话语，积极陈述一个更正面的、更能激发参与感的现实（例如，从"我被困在这个角色中"，变为"我有更多的东西要学"）。你潜意识中的创造性会去寻找相应证据，并开始新的、与"更多东西要学"相关的想法、创意、反应和模式,而不是"被困住"。从这里开始,你的大脑可以加速向你想要实现的方向移动,而不是一再提醒你身处困境。你设定了前进的新方向。

你经常如何描述以下内容:

- 你是谁?你的健康状况和目前的表现?
- 你目前面临的挑战?
- 你的公司、团队和工作环境?
- 你的人际关系状况?
- 你的财务状况?
- 你的未来?

通过上面的学习,现在你会怎样描述这六个方面?重新学习并参考本章影响力笔记,并重新编写你的答案,直至你能毫无阻力地使用新版本的描述。

你的话语。你的现实。你的选择。

承担起你的责任。

笔记 29：增强沟通的模糊性

今天的世界似乎要求你以最快的速度找到正确答案。你参与对话是为了获得确定性，而它（答案）往往是难以捉摸的。这里有一个简单的方法可以提高你的谈话技巧，增强你的领导沟通能力——模糊性。

与一个永远模棱两可、含糊不清的人打交道是一件非常痛苦的事，但这种简单性和不带评判的开放性反而隐藏着一种力量；一种非常值得探索和开发的技巧。

当我在当今激烈的公司环境中观察对话时，我发现许多对话中都藏有绝望的迹象，都在寻求绝对，都在询问甚至恳求确定性。对于询问者和回答者者来说都是这样。问题开始变得狭窄甚至尖锐——以极快的速度。那些被迫回答的人会扭动身体，避免承诺，因为确定性并没有被找到。

有违直觉的是，通过增加对话的模糊性，你可以从对方那里得到更多信息。与你交流的人不再那么拘束，因为他们不得不"锁定"其他尖锐问题的答案。这是我指导的核心技能之一，在任何对话中它都会为你带来好处。讽刺的是，这通常也是获得明确答案的更快方式，因为你在深入探讨答案之前，需要更多的时间来扩展思维。

模糊性允许谈话者在无惧失败（在无意识的层面上）的状态下获得答案。这还会增强你与对话者之间的联系，因为他们觉得你允许他们说出和被倾听 [亚伯拉罕·马斯洛（Abraham Maslow）的需求层次论描述了这种"需要被听到"的重要性和影响——在第四层次，自尊需求]。

你对话中使用的词语会加强模糊性，特别是：

- *可能*（might）
- *可以*（could）
- *大概*（possibly）
- *也许吧*（maybe）
- *或许*（perhaps）
- *考虑*（consider）

还有个终极杀招:

- **还有什么?**（What else?）

如果你想让对话进一步深入，你可以加上"具体"（specifically）一词。例如，把"你可能在这里做什么?"变成"具体来说，你可能在这里能做什么"——此时，对回答者来说，问题依然是探索性的、非指令性的，但是"具体"一词，让他们的第二反应更加深入敏锐，让他们的回答更加投入。

祝你好运。从安全、低风险的对话中开始练习，记住保持模糊性和简单。

笔记 30：坚定捍卫的界限

当你感觉烦恼、沮丧时，可能是因为你的界限已经被触碰、跨越，或者正在变得模糊。最具影响力的领导者们对自己的目标十分确定，不会在这里做出任何改变。本章影响力笔记会让你集中注意力在界限的重建上，这将帮助你和你的团队发展壮大。

不管有没有定义、你有没有意识到，你都是有界限的，你周围的每个人（顾客、同事、朋友、家人，尤其是孩子和宠物）都在建设它、试探它，并最终产生对界限的尊重——这与你如何尊重并与你的界限进行沟通有直接关系。

就像在家庭中一样，在团队中也有清晰、一致的界限，团队成员们接受它，并与之一起发展。当界限变得模糊时，例如，当项目目标频繁变更、管理者分心或过于忙碌，没有关注特定的项目进展时，标准（时间、产出和质量）的界限开始漂移，人们认为它是可以讨价还价的,是可以试探的,在这种情况下情况将变得难以控制。

我与客户及其团队的工作总是会有明确界限。你很可能从童年时代就一直带着这种习得的行为,在生活中的几乎每一个领域寻求正确的、可接受的界限:关注它们,评估它们是否可以扩展或应该扩展,最重要的是,坚持他们的界定毫不动摇,考虑某个特定界限是否必要、是否与你想获得的影响力保持一致。一旦界定好,你周围的环境就会变得更加清晰,通常还会让你周围的人感觉更加愉快和充实。你的进步会更快,沟通更清晰,你的影响力也会更强大、更有效。

你在日常活动中经历的混乱越多,意味着你界限的界定越模糊。

你要进行的界限工作:

界限检查——在哪里你被要求付出令你觉得过度的努力?你经常被迫陷入哪些境遇?你经常遇到哪些互动上的问题(争论、崩溃、失望、错误)?

重新界定你的界限并写下来，或者更加清晰地传达并坚定捍卫已有界限。坚守你的边界——你将受到各种试探——尤其是在重新界定你的界限之后（试探、确认新的界限，这些是人类的天性）。

以下是一些存在界限的领域（不管你现在有没有清晰的界定）：

- 时间（开始和结束、会议、付款、答复）
- 质量标准（对数量、深度和广度的明确要求）
- 其他专业标准（着装规范、人际关系、沟通）
- 反馈（你想要什么，你能给什么）
- 职业道德（专注时间 vs 可中断时间）

如果你在这些领域遇到的问题越来越多，那你则需要重新审视一下你的界限了。

从你一天的工作"开始"，直至工作的"结束"，你的工作是无穷尽的、界定不清的吗？如果你没有边界，那么你的同事和家人就不会清楚自己所处的位置（相对于你的界限）。你如何界定自己的工作将直接关系到他们对它的尊重程度。

如果"重新界定自己界限"这项工作让你感到抗拒,那么你可以退而求其次,对界限最简单的回顾也可以为你带来巨大的好处。

具体一点,坚持下去吧。

笔记 31：建立信任的承诺

信任在今天的商界备受重视，它是许多开发计划的核心组成部分。一个公司或团队如何被信任？你的可信度取决于你的团队在高信任或低信任环境中的运作方式。你所采取的行动和行为，或者你的品牌，都会增强或损害信任。

信任是实现成功与否、多少的基础。缺乏信任，你和你的团队就会感觉枯燥无味、令人沮丧、没有成就感。在信任存在的地方，沟通更加轻松，工作任务和项目、想法和创意都会获得飞跃，困难和阻碍也会被快速克服。

不管是畅销书籍还是伟大的演讲者，都试图将这种模糊的特性具体化，但通常很难找到具体的行动步骤。

你需要改变某个人或某个组织的所有成员对你的信任吗？

如果你的团队拥有更强大的信任基础,它的工作表现会发生变化吗?你的公司或品牌与市场、客户是否存在信任方面的问题?你在寻求一条可靠、有效的途径来增进信任吗?

我与很多个人、团队或者组织就信任问题进行过合作,并找到了可以解决以上所有问题的改进路线。世界上已经有很多关于信任及其复杂挑战的书籍文章,它们占据了若干类别、子类别,贡献了一系列相关的因素,可供我们关注、研究,进而推动相关变革。史蒂芬·M. R. 柯维(Stephen M.R.Covey)的《信任的速度》(*The Speed of Trust*)充满了对信任的想法、建议、战略、关注点和讨论主题。

信任的发展依赖于两件事(我们可以称之为信任中的"WE"):

- **意愿(Willingness)**:一个人或一群人对信任的意愿或倾向。受自然或文化影响,有些人更倾向于信任,而有些则更倾向于不信任。不管是哪种,这些都是合理的存在。一个群体可能经历了很多失望甚至绝望之事,另一个群体则在更长的旅程中获得了信任的基础。

- **证据（Evidence）**：信任成为真实、有形的行动、言语和结果的数量。这些情况越是真实无疑、越是频繁发生，它们对信任的建立和积累的影响就越大。

"意愿"很大程度上是一种给定的、根深蒂固的、变化缓慢的东西，你只能随着时间的推移来影响它。

"证据"则隐藏在你的天赋中。你要尽可能频繁地、适当地创造信任的证据。

快速提高信任感的有效方法是：

- 做出承诺
- 兑现承诺
- 从第一步开始重复

就是这样，这个过程如此简单，但绝对有效。你做出的承诺可能是小的，也可能是大的。你可以通过以下两个要素来提高建立信任感的速度和效率：（承诺的）相关性和（承诺对另一方的）价值。

试过几次之后，你会发现这两个要素带来的明显差异。如果你停止做出承诺，或者未能兑现承诺，那么他人对你的信任度将会回到最初状态，甚至有可能进一步下滑。因此，这个建立信任感的过程本身就是一个承诺（对你自己来说，这就是你信任精神的基石）。当你准备好时，在对你、对你的发展至关重要的领域接受这一挑战。

笔记 32：获取动力的决策

无论你面对的是怎样的决策，大或小、重要或不重要，你的创造性大脑会一直在各种选择间徘徊。

有时你需要一点额外的"决策水泥"帮你做出决定。进行一项决策可能涉及的因素非常多。因素越多，对你的脑力要求（工作评估、成果验证和兑现承诺）就越高。

在你做出决定的那一刻，你本可以彻底下定决心，但这最后一步往往让你难以完成。

这里有一个简单方法可以帮助你提高你的决策能力（特别是你"摇摆不定"的创造性造成拖延的情况下，这个方法的效果更好）：

■ **第1步**：决策——使用你喜欢的任何技巧或过程（如果这个技巧或过程曾经让你遭受过损失，或者你的直觉感到不适或怀疑，那么你还需要对它进行一些额外的评估；你可以先放下它，稍后再回来），从诸多选项中选择一个。

■ **第2步**：拿一张纸，把你的决策写在上面，然后把这页纸分成两列。

■ **第3步**：在第一列中，列出你认为这是正确决定的所有原因（在随后几天中不断增加）。

■ **第4步**：在第二列中，列出这一决策将会带来的可能的/可获得的结果（在随后几天中不断增加）。

■ **第5步**：每天阅读这个列表两遍（如果环境允许的话，大声读出来），持续阅读两周。

通过这种方法，你可以杜绝各种怀疑和拖延，提醒自己的创造性潜意识做出该决策的所有原因。你会就此获得动力。

笔记 33：巩固关系的倾听

人们说的都是真的吗？对于他人说的话，你听到的准确率有多高？当另一个人说话时，你的大脑在哪里？

从这些问题的答案中，可以看出你的人际关系的质量，你对他人的影响程度，以及你的信息的有效性。本章影响力笔记分享了一个可以在任何情况下提高你倾听能力的技巧。

无论你是领导者、经理、高级管理人员，还是创业企业家，倾听技巧始终是你产生影响力和建立牢固关系的关键部分。

这里有两个关于倾听的真理：

- *人们很少能准确地说出他们想说的话。*
- *你听到的更多的是你的选择，而不是对方传递的内容。*

这就是沟通的挑战所在。在繁忙的环境中，在压力重重的情况下，时钟滴答滴答地响着，最后期限迫在眉睫——毫不奇怪，你的意图会迷失、会被错误地传达，误解和错误会频频发生。

我经常与客户们合作，提高他们对这两点的认识。自此以后，他们的交流质量会不断提高。

当你忙碌的时候，你会沉浸在自己的世界里，陷入与上述真理相反的境遇——你会认为他们所说即所想，并依照他们的话语进行行动；其次，你会认为你所听到及理解的是准确的，并以此作为你后续言行的基础。

隐藏在这些倾听真理背后的是：

- 人们在他们的口头信息中夹杂了许多其他东西——细微的、微妙的、希望的、愉悦的、不安全的、请求的、意外和将来的、预期的或恐惧的各种信息——所有这些都是他们在有意识和无意识中传递出的。
- 你"听"的能力受到你的知识储备、有意识的和无意识的偏见、先前经验和预期未来情况以及你最近的交流经历所影响和制约。

如果你觉得对方话语与你的经验产生共鸣，那么你就要考虑"倾听两遍"。

在接下来的几周里，你在做出回应之前要先"倾听两遍"，尤其是在与那些波长和你不在同一个频道的同事交流时。简单地说，先听听他们说什么，如果你觉得他们的话对你有触动，那就再听一次。你的大脑会自动做好接下来的工作。第二次倾听将会使你所有的倾听技巧和交流直觉都参与进来，并让你的反应范围和选择范围得到明显扩大。保持简单，享受两次倾听吧。

笔记 34：停止抱怨的力量

当你的处境发生变化，出现你不喜欢或不再想要、不再需要的改变时，你此时的心态和采取的方法就会成为你成功的最重要因素。本章影响力笔记的重点是态度的力量。

在与一位高层领导者乔恩（Jon）合作时，我向他介绍了一个简单的态度转变工具，帮助他重新将注意力放在工作上，并将他对当前糟糕情况的负面态度转变为积极的正面态度。乔恩想继续前进，摆脱身处的糟糕境遇，但他越是谈论这种情况，他就越觉得糟糕，事情变得越来越困难。很快，他就被怀疑压倒，进而心生绝望。

你有没有类似的经历，或者你正身处这样的糟糕情况中？在这种环境下，你与其他人的关系可能会变得更差、更紧张。

以下三个步骤可以帮助你进入更好的心态,并开始创造积极的改变,这只需要一些简单的工作。

"停止抱怨"的灵感来源于我那桀骜不驯的朋友沃伦·库瑞斯(Warren Creates),他是一名国际律师,也是一名人权活动家,他经常在自己办公室周围悬挂这一口号。

■ **闭上嘴巴**:你的抱怨只会让自己反胃,让自己身陷怨恨和失望中。你可以控制你的想法,比如转移你的注意力。你的想法会导致相应的身体反应;如果你的脑中充满负面想法,你就会皱起眉头、无精打采,你的声音的音调会改变,进而影响到你说出的话语。

■ **跟随趋势**:允许事情按原样发展,停止对当前状态的抗拒、反驳或挑战。事已至此,你的抵抗只会被吞没,而不是改变它。但这并不意味着你对它的赞同,你只是进入了一个更强大的心理状态。

■ **感到快乐**:为现在发生的事情感到快乐,无论什么都可以(这需要强大的、能够发现美好事物的能力以及自我对话的能力)。参加能让你备受激励的那些活动,提升自己的思维。展现出乐观的态度，并让自己忙碌起来。这一步可能会花费你最多的精力，但这也是加速获得你期盼的积极结果的最重要一步。

这三个步骤互相支撑，你在任何一个步骤中的工作都将使其他步骤的工作更轻松。这三个步骤的结果显而易见：不再抱怨的人让人更乐于相处；随波逐流的人让人更容易相处；快乐的人让人更好相处。你的影响力也会得到显著提升。

一旦你选择采用这一方法，就绝不能"部分遵循"。这是要么做到底、要么不做的决定，它需要实践来确保你创建的一致性。你可以与同事一起进行，合作可以提高相关意识并加速成功（对你们双方而言）。

笔记 35：关闭紧张的按钮

压力和紧张可能是你日常生活中的标配，它们与你融为一体太长时间，你已经接受、适应它们，甚至私底下还有点欢迎它们。你的整个行为和性格已经适应了当前"正常"的压力水平。

毫无疑问，我们人类已经进化出一种不可思议的能力来应对压力，并做出适当的反应（或者不反应），进而保持安全、获得进步。

在对身边的人进行观察的过程中——领导者、高级管理人员、一整个团队、火车和飞机上的同行旅客，以及被堵在路上的司机们——我可以清楚地看到他们累积的压力，及其在身体上的表现。但他们自己可能并没有注意到，只是将这些表现当成自身的一部分（因为他们已经处于压力模式很长时间，这已经成为他们的正常状态）。

这种紧张感大部分都是无意识积累起来的，相比之下，放松并不会自动进行；因此，你不太可能获得足够的放松。你主要的减轻压力、缓解紧张的方法可能是睡觉，虽然你也不太可能睡得安稳。而第二天早起时，你又会在无意识中将许多压力重新拾起（第二天要面对的挑战，即将到来的事件，未被满足的需求，昨天的缺憾，以及当下的巨大挫败感）。

在本章影响力笔记中，我打算把重点放在紧张本身上，而不是导致这种情况的因素。

毫无疑问，当你紧张的时候，你的身体和精神会变得不那么灵活。你不太可能感觉到快乐，注意到机遇，释放你的洞察力，进行创造性思考。只有在无压力状态下，你才可能释放这些潜能。

你的紧张感可能已经和你在一起很长一段时间了，就像船上的藤壶＊。紧张感跟随你的时间越长，它越难移除；它们会

＊藤壶：一种附着栖息在海水中固定或浮动的硬物上的节肢动物。

一直在那里，危害你的旅程，减缓你的速度和性能效率。

以最舒服的方式站着、坐着或躺着，保持你的脊柱伸直，不能弯曲。按照以下的三个简单步骤关闭你的开关：

- 关闭你的身体系统，放松，深深地、深深地沉浸在你的站姿、椅子或床上。意识到现在感觉的不同，即使在第一阶段，你也会有明显的感觉。
- 深呼吸。
- 从脚尖到头顶快速上下扫描你的身体，还有哪些部分感觉紧张吗？

现在重复练习——再次关闭你的身体系统，特别注意在第一次扫描中检测到的紧张区域，然后让自己进一步放松、沉浸。

再次进行扫描，注意那些仍有些紧张的地方。

重复进行这一过程，最多6次。当然，随着更多开关被关闭，每次身体变化的程度会减小，但你要继续下去。

在你最后一次关闭自己身体时，做三次吸气和呼气，呼吸深度以舒服为准（通过鼻子吸气，通过嘴呼气）。这会使你的身体恢复到低压力水平。

然后回到你的日常工作中去。好好享受这一天。

笔记 36：阻碍进步的"应该"

每次你使用"应该"(should)这个词，尤其是大声说出来时，你都是在给自己制造长期的痛苦，减少自己的选择，强迫自己采取行动，而这些行动可能并不是你真正旅程的一部分。

本章的影响力笔记为你提供了一种转变到更强大心态的方法。它还提醒你，对你的员工和同事使用"应该"会产生消极的抵触情绪。

在这些影响力笔记中，我经常强调那些蕴含巨大力量的特定词语；它们可能让你前进，也可能让你堕落。

本章影响力笔记的关键词是"应该"，如果你使用它时不加注意，那么它很可能会造成巨大破坏。

在我 15 年的教练生涯中，没有任何一个词比这个词更能阻碍一个人的改变、成长和发展了。你或许能够听到自己将它说出口，或者它的邪恶伴侣"应当"（ought），然后，你会立刻感到失望，充满压力、无力感，甚至失败感。

试试这个简单的解决方法。你可以一个人去做；但与你的同事或者教练一起练习，你的体验会更深刻、更有效。

- 首先写一段话，总结你目前的情况：职业、财务、人际关系、健康等等。概述即可，这里并不需要具体细节。
- 接下来，以"我应该……"为开头，写六句话。
- 选择任意三句话，然后开始思考（或者与其他团队成员分享）为什么你应该那么做，或者应该成为那个样子。很有可能，你脑海中浮现的东西开始解释你被困在某个地方，充满了疑虑及潜意识的限制。
- 然后是"简单的转变"——回到你的列表，用"如果我愿意，我可以……"重新写两到三个句子。重新阅读并考虑你与该事物之间的联系；是什么阻止你那么做，或成为那个样子。

使用"可能"(could），或者它的积极伙伴"可以"（might），能够创造主动的选择，消除"应该"强加给你的行为。你可以把这个练习带到下一次团队会议中，用它来发现隐藏在你团队或公司中的"应该"。

"你真的应该立刻进行本章影响力笔记建议的练习"感觉像是另一个可以提高你个人发展潜力的重要事物。

你可以将这句话变为……

"如果我愿意，我可以进行本章影响力笔记建议的练习"，这给了你选择的机会，减轻了你不得不做这件事的负担，让你准备好主动采取行动：

"我选择现在/明天/下周一进行本章影响力笔记的练习。"

笔记 37：决定上限的信念

我没有过度使用波丽安娜效应 [Pollyanna principle，术语，意思是积极性偏好，源自 1913 年埃莉诺·H. 波特（Eleanor H. Porter）写的一本小说]，我做的只是在挑战你，让你审视你的现有状态、态度，以及每天都伴随你的想法。

作为一个团队或组织的领导者，你从他人身上创造热情和承诺的能力根植于你个人的信念，并以此塑造了团队、组织文化和态度。

这可能是你最具挑战性的领导时代，一切都很艰难。但实际情况真的像你告诉自己（反复地，常常是无意识地）的那样糟糕、紧张、忙碌、困难和复杂吗？这些可能都不是真的，但对你来说，在那一刻，你的态度和行为足以让你感觉这是绝对的事实。

你的行为会改变（受到你告诉自己的"真相"的影响），你开始表现出焦虑、紧张、恐惧、不确定、怀疑。这些情绪反应可能正是你需要的，不过我们先跳过这一点，继续往下研究。

在这里，我指的不是真正的紧急情况（如火灾或洪水），而是指潜在的、想象中的那种。

当这种极端时刻出现时，当你意识到你的身体或内心的反应时，你就会立刻采取行动。此时暂停一下，走到远离"行动"的某个地方，拿出一支笔和一张纸。你现在的真相到底是什么？你脑海中回荡着哪些描述你现有处境的潜台词？

写下来：尽你所能描述你目前的困境和体验。

我相信有足够的证据支持你放下笔，继续行动。但是为了本章影响力笔记，请停顿一下，深入思考一下，有没有其他的真实可能性？有相反的证据吗？你的体验中有多少是你的自行解读？

老实说，你喜欢怎样的"真实"？你今天想要怎么工作？

你可以把这些令人向往的真实写成一个新的、改进的描述性语句。再停顿一下，想一想可以支撑这个新的真实的证据，不管它有多么不足。

通过这种方法，你正在积极地改变你的固有模式，改变你正在寻找、注意的内容。你正在中和你的情绪和态度，准备进行更强大、更有影响力的升级。

如果你行为混乱，你绝对会向自己证明混乱就在你周围。如果你一连几天皱着眉、咬着牙，那么你遇到的大多数事情都会和这个表情相一致。改变这些，因为它们可能并不是真的。

行动力

升级你的影响力行为

要想世界改变,必须先改变自己。

圣雄甘地(Mahatma Gandhi)

激励行动是可衡量影响的创造者、催化剂和结晶器。你影响他人、社会的方式,直接关系到你对世界的影响。以下章节将关注你的日常行为,以及你开创、维护真实生活与日常动力的方式。在应用这些影响力笔记时,您的个人和职业素养将激励他人采取行动,你的愿景和领导影响力将通过你激励他人产生的行动进一步扩大。

笔记 38：触发关键的"你"

你可能就是那个人：只需要一个人在混乱中保持平静，平静就会传播开；只需要一个人注意到差异，错误就会被矫正；只需要一个人坚定信念，变革的浪潮就会开始。他不一定是最显眼的，但是所有的变化、所有的改正、所有令人激动的新事物都是最初从一个人开始的。

不要对大众情绪随波逐流；当你感到、看到或听到需要进行的改变时，当你内心平静的细语暗示你需要一些新的东西或停止一些东西时，你要站出来。

你可能就是那个人。

你怎么知道自己就是那个人？

答案就是那种不适、恼怒以及"为什么没有人站出来做些什么呢"的感觉；就是那些你已经习惯等待的事物；就是那些你长久以来希望改变的情况。

你的团队、朋友、同事、客户可能正等着你。他们无法接受的情况，你可以改变。

我邀请你转变你的意识、提高你的影响力，当未来出现这种情况时（甚至可能是今天），当你希望事情在某种程度上有所不同时，我向你挑战：你要成为那个人，那个改变的关键。

一开始，你进行的改变不一定是重大的或突破性的，它最初可能是微妙的、不易被察觉的，就像那些在恐慌中选择平静的人。例如：

- 对没完没了的连续会议说"不"，享受你拥有的额外时间。
- 当其他人的共同态度是紧张或痛苦时，让自己处于快乐模式。
- 在混乱、疯狂的环境中，采取慢速、有节奏的步伐，并以此与他人交流。
- 当你周围的每个人都在贬低某些情况或某个人时，表达你的真实感受，而不是人云亦云。

建议观看音乐人、作家和企业家（以及前马戏团小丑）德雷克·西弗斯（Derek Sivers）在 2010 年 TED 进行的三分钟演讲，内容是关于如何开始一场运动、领导角色及先行者（最初行动者）的重要作用。

首先，你要在低风险的情况下，练习这种技能。这是所有领导行为的基础，也是你潜在领导影响力的基础。

每个月一次，将你从日常的工作环境中解放出来，思考那些（在你的世界中）让你恼火、减缓步伐，带给你错误和痛苦的事物。选择其中一个，开始你的改变运动。

只需要一个人就能带来变化；那个人可能就是你。在改进过程中需要一个至关重要的角色，这可能就是你的角色。世界在等待你的开始。

只需要一个人就可以开始；那个人可能就是你。有一个角色需要人承担，那个人可能就是你。世界在等待。

笔记 39：探索潜在的"一心一意"

"一心一意"[2]经常受到人们赞扬，许多有影响力的领导者经常表现出"一心一意"这一特性。如果你一心一意，就能做得更多、更好，个人进步也会更快；如果你没有这种品质，你就会迷失、分心、不知所措，陷入细节的泥潭。"一心一意"不仅是精神领袖们的领域，它也属于那些最伟大的领导者们，属于你。

关于一心一意的价值和力量，已经有很多内容被写下、教导、传授、建议。你十分敬佩那些能够进入禅宗状态，有能力专注于一件事、一项任务甚至一个想法的人。一心一意的力量

2.译者注：原文为 single-mindedness，有一心一意、专心致志、执着等意思。

使这些人获得了深刻的洞察力、积极的行动、清晰性、确定性以及有意图的决定。但是，这是那些盘腿静坐之人的专属领域，还是你我都可以达到的境地？

本章影响力笔记旨在激励你通过一种更清晰、更简单、更容易获取的方式，获得你潜在的"一心一意"的力量。

你也可以做到一心一意。它就存在于你的原始潜能中，当世界以选择、挑战、决定和（人为的和真实的）紧急事件对你狂轰滥炸时，你忘记了这一技能。在过去，你可能依赖一系列特定环境来创造一心一意的"理想"时刻。不过，极端情况可能会使你重新获得一心一意的能力，这里的极端可能是紧迫的（和重要的），也可能是威胁性的（对你或其他人）。这种极端情况会自然而然地创造出一种背景，在这种背景下，你的一心一意技能得以展示。

那么，为什么这种无可争辩的强大技能在其他时候很难获得呢？

嗯，因为你有丰富的思想天赋，对你所想的事情有很多选择。你今天的生活令人难以置信的充实，对视觉、听觉和情感的刺激极其丰富。这个世界已经变得异常复杂，阻碍了所有你可以保持一心一意的机会，除非你离开工作一个下午，来一趟偏远的山区旅行（顺便说一下，不要不把这当成选择）。

它需要有意识的、深思熟虑的意图来重新发现你那像激光一样尖锐的专注力量。

- 打开我的博客（simontyler.com），复习"忙碌领导者的简单冥想指南"（Simple Meditation for the Busy Leader）等几条简单笔记（Simple Notes），或者找一本《简单方法》。
- 根据你的能力和真实耐力情况，为自己设定一个可实现的专注时间（对大部分人来说，大约是20分钟）。
- 在下周的日程中预留3小时的"一心一意时间"，并划分成小段时间分散分布。如果你"一心一意时间"每次可以持续20分钟，那就是说你可以进行9次。
- 为你每次的"一心一意时间"选择思考主题，1次1个。
- 清除所有的分心事物，将它们移开，在远离它们的地方工作，收集所有你需要的资源。
- 当新的想法出现并开始转移你的注意力时，注意到你的变化，并让它们消失。

在最初的几次训练中，你可以放松自己，让 20 分钟的"一心一意时间"与 20 分钟的正常活动交替进行。

或许这可以成为你的新工作方式。

祝你好运。

你的另一个选择是不费这些麻烦，继续进行多重任务，从不知所措到绝望，周而复始，希望其他人或事来解救你。这或许会成为另一个激发你"一心一意"技能的紧急时刻。

继续，你可以的（如果你认为你可以的话）。

笔记 40：抓住忽略的空隙时间

"注意空隙"(mind the gap)这句话经常出现在伦敦地铁站，因为地铁车厢和站台间存在巨大空隙；我经常在城里跑来跑去，经常看到这句话，于是我开始探索这句话代表的其他含义。

你越忙，就越容易分心，你就越没有时间去发挥你的创造性，或者以其他方式对你可能造成的影响进行积极思考。然而，你的创造性潜意识隐藏在你每天的混乱中，它在寻找机会发出声音。它离主动意识只有一步之遥。

我在当今的商业世界中看到，大家的步伐正在加快；在经历了长时间的封闭、谨慎之后，他们对自我、团队、公司和市场的信心暂时建立了起来。人们已经"饱和"，并忙碌了一段时间。他们现在仍在忙碌，但更多的是对未来活动的关注，而不是对过去进行合理化分析，或者批判性地剖析现在。

我的客户和他们的团队关于思考的对话越来越少,他们从不会分给个人战略(在自己的职位角色,以及整个职业生涯中)任何时间。结果是,他们感到既兴奋(来自于新工作的积极性)又苦恼(事情仍然不是他们想要的那样)。

在这种情况下,我还观察到了低水平的原创思维、创造性思维、创意探索和拓展,这是因为缺乏正式的、结构化的时间投入造成的。他们好同样沉迷于紧迫感(阅读《简单方法》,或者登录 www.simontyler.com 寻找,可以帮助你解决这个不良习惯)。

除非你深受启发,做好进入深入思考的准备,并对你的时间有明确的意图,否则你的选择无法获得你的智慧和潜意识的巨大能量。本章影响力笔记提醒你,你已经获得一份巨大的礼物,一份你可以立即投入到使用中的礼物。

你的礼物,就是"空隙"。你要注意并抓住你所做的每件事之间的、直到现在还没有被注意到的空隙。

你可能已经在无意识地使用这些"天降大礼"了,我鼓励你更多地关注这些空隙,去抓住它们,改变你对它们的态度,尊重它们，让空隙成为思想扩展的超空间。

具体来说，我指的是两次会面之间的时间，你离开笔记本电脑、闭上眼睛呼吸的时间，早晨买咖啡排队的时间，淋浴的时间（或奢侈的浴缸时间），在站台上等待延误火车的时间，等待会议迟到者的暂时停顿时间。这些空隙时间里，短的有几秒，长可达数分钟。这些空隙时间可以成为你与自己的工作对话时间，让你去思考其他计划，当然也可以按照你的习惯去使用。

你目前对空隙时间的反应是一种无益的情绪：烦躁、沮丧、焦虑，这些情绪会让你变得更加消极。为了填补这些微小的空隙，你可能会习惯性地打开手机、下载电子邮件、阅读并发送信息、玩游戏、访问球队网站，等等。然而，在内心身处，你更高层次的自我（大脑、心灵、灵魂……你喜欢怎么称呼他都可以）对这些空隙感到十分高兴，因为它可以释放出潜在创意、灵感、半成型的想法，观察到线索，创造出连接。这些柔和的、直觉的背景声音可能被淹没，但它们仍然存在，发出微弱的信号。

你要留心倾听这些声音，并抓住空隙。当空隙出现时，你要注意它，珍惜它，尊重它；你要坐直，深呼吸，漫不经心地走着，任由它成为……充实的空隙。顺便说一下，现有坚实证据表明，空隙时间是新想法、新业务、新产品和新服务的产生之地。多少次，你在短暂的放空之后产生了新的想法、创意或有见地的问题？

当你的空隙被有效利用时，你会感到高兴、惊讶，甚至震惊。所以让我们继续，"注意空隙"！

笔记 41：简化复杂的断舍离

伟大的领导者们都有一个清晰的愿景，一个他人可以看到并追随的清晰方向。作为一名领导者，你的工作就是提供这种愿景——尤其是在不确定的时期，在愈加复杂和混乱的情况下。随着日升日落，情况、项目、计划、人们都变得复杂起来。这种迫在眉睫的复杂性考验着你的愿景，以及你通过愿景工作的能力。

在教练工作中，我观察到了日常压力对工作表现的巨大影响，它削弱了基本领导技能的效果。但实际上，复杂性的提高完全是领导者自己造成的。

简化就是你的工作。实际上，你的领导影响力的效果完全取决于它。

而简化则要从你开始，从你处理复杂事物的方式开始。

复杂性是个奇怪的东西。它会悄悄地爬到你身上，你会在不经意间被它完全吞噬；想要从中走出来，你需要经历一段相当艰苦的工作。你意识并接受你身陷"复杂性"所需的时间越久，它就越难转移。所以你要及早抓住它，这样你才能改变方向，朝向简单前进。

我观察到了10个最常见的信号，它们可以提醒你身边的事物已经过于复杂。

本章影响力笔记有两个目标。第一，显然是以某种方式帮助和激励你，解决你的复杂性问题。第二，邀请你通过以下列表检查自身工作，确认那些适用于你的信号，并根据你自己的复杂性管理经验充实这个列表。

我的指导经验已经证实，如果你遇到以下一个或多个过度复杂的信号，那么你必须进行相应的个人发展行动：

1. 你的压力和焦虑水平正在增加（或有明显的峰值）。
2. 你的"保险丝"变得更短（在你的不恰当反应出现之前）。
3. 你更难激励自己，每次只能持续数小时。
4. 你需要付出比你现有还要多的努力去激励他人。

5. 你的工作环境越来越混乱。

6. 你在电脑屏幕上一次打开的标签/文件/电子邮件的数量超过三个。

7. 你正在做的每件事，你的文件夹/收件箱里的每件事，你正在关注的每件事，似乎都很紧急。

8. 你全神贯注于一项任务的能力减少到每次 10 分钟或更少（在其他事务让你分心之前）。

9. 你会陷入对细节的纠结，事后发觉大部分细节都是无关紧要的。

10. 你犹豫不决，并延迟决定（这种拖延的决策数量还在不断累积）。

当然还有许多其他的过度复杂信号，但我的研究表明，以上这 10 个是最常见的。

- 在你身上出现了多少个过度复杂信号？
- 在你周围的朋友和同事身上，你发现了多少过度复杂信号？

忽视这些过度复杂的信号，或者被动应对它们，反而是对复杂性的接纳；这种被动应对的短期策略持续不了多长时间。

本章影响力笔记将会帮助你和你的同事做出改变、继续前行。这些"过度复杂信号"的解药作用相当明显，但只有积极地关注它们，并有意识地采取矫正行动，你才能获得改变。

- **信号 1~4**：需要的是放松、反思、休息和空间；花点时间把你正在做的事情与你的意图、目标和愿景进行重新连接。在最忙碌的时节（可能会导致过度复杂信号的出现），没有比采取"反复杂性行动"更好的选择了，但是你内心里的声音可能还在一直要求你"更多工作"（并让过度复杂信号变得更明显）。

- **信号 5~7**：需要你进行有意识的整理、简化工作。你很快会从这些行动中获得回报。你的大脑试图同时处理你桌上和屏幕上的一切，但你的内存早就满了。在这种状态下一切似乎都很紧急，你已经失去了区分重要和不重要的能力。

- **信号 8~10**：需要你呼唤出内心中的领导者；离开一下，与工作保持一定距离，寻求建议，做出决定（参见笔记 32：获取动力的决策），然后重新进入工作。

提高你的自我意识,注意你的状态和心情,及时采用"反复杂性行动"。

笔记 42：让船更快的直接动力

随着工作量的增加、工作范围的扩大，你可能会忽略什么是重要的，什么可以带你走向目标。

本章影响力笔记会通过奥运会奖牌获得者的经验帮助你恢复专注力。

最近，我看到了英国赛艇金牌得主本·亨特·戴维斯（Ben Hunt-Davis）关于赛艇队变化的访谈，他的团队从一支长期以来的中游赛艇队一跃成为 2000 年悉尼奥运会赛艇金牌得主。

他们的赛艇队面临着许多挑战，其多方面表现得已经非常好，但还不够好。队员们的关系不是十分融洽，他们经常会将时间浪费在争吵上，证明他们各自在每件事上都要比其他队友正确。个人主义虽然具有强大的驱动力，但也具有更大的分裂力量。

整个团队的转折点是一个简单的问题:"这能让船开得更快吗?"

这个问题立刻将讨论带入了他们为奥运会所做的所有准备工作上。它突破了争论,强化了决定,并让难搞的团队成员们一致同意和接受。它带来的变化还包括了减少培训课程、改变饮食结构,改变会议和讨论流程。

本的谈话触动了我对团队工作的思考。

将他的经历应用到商业环境中,其作用是显而易见的。

这个简单的问题最容易应用于体育运动,尤其是在追逐单一目标时(例如奥运金牌)。而在商业环境中,每个业务都会有多个目标和多个衡量标准,不存在单一或者第一的情况。

然而,这不应成为弃用这个问题的理由。

我建议你回想一下你的个人旅程,或者你的团队、部门或公司的旅程,然后思考这个简单的问题:"这能让船开得更快吗?"

对你来说,"更快"可能的三个定义是什么?有明确的衡量标准吗?归根结底,最重要的是什么?你(或你的团队)真正想要实现什么?

证明你自己是对的,赢得小胜,习惯性地完成任务,不用动脑筋的会议,加班——突然间你发现,这些对你的船速毫无影响,或影响甚微。

注意你的工作模式、你的精神和身体的疲劳度,你对他人的影响,以及他们对你的影响——这些都会加强你的领导影响力。

根据你是谁、你代表什么、你将带领你的团队和公司走向何方,确定你的领导目标和意图(当然,要把他们表达清楚)。观察下一周或一个月的情况。你的日程安排、会议、项目等活动和事件真的会让你领导的小船开得更快吗?

你还可以将这一问题应用于你的职业目标、你所追求的角色或领导地位、你希望对市场或世界产生的影响上。

回顾过去七天你做了什么,你遇到了谁,你创造了什么,你选择进行的行动（以及那些你选择不进行的行动）。它们能让你的事业和影响力小船开得更快吗？你要决定这一切，毕竟船不会自己开起来。

笔记 43：孕育新生的橡子策略

在你的整个职业生涯中，出于商业和个人原因，你会将大量时间投入到修复错误的活动和策略中——那些在流程、模式、人员和性能中出现的错误。不过有时，反复出现的错误是一种线索，表明某些新的东西正在尝试出现，它们并不是需要修复的故障。最伟大的领导者们能够把这种情况视为一种成长，他们会与之合作并培养它走向成功。

很多年来，全球商业环境一直充满着挑战性。似乎一切都不再相同，所有事物都出现了某种形式的崩溃或转变。系统、流程、公司、人员、团队、预期，曾经确定的工作模式不再可靠，甚至根本不复存在。

我指导过很多来自银行和金融服务部门的人士，这些领域面对的不确定性要远高于其他行业。当变化的浪潮袭来时，我观察到很多应对措施、防御机制，以及巨大的个人努力，但这些投入只是为了保持或回复某些确定性的表象（据行为研究证实，我们需要一定的确定性和不确定性，但很多人失去了二者的平衡）。

大师德里克·里德尔（Derek Rydall）在《出世法则》（*Law of Emergence*）中用橡子进行了比喻，这个比喻触动到了我，抓住了我在动荡年代中注意到的内容的核心。

橡子从树上掉下来、裂开，并在一段时间内处于休眠状态。在我们的商业活动中，流程和系统（以及人员）也会掉下（失败）、裂开（损坏）。建立一个橡子修复队，可能会在一段时间内，让你库存的橡子们保持在美丽的状态，但不可能永远都是这样。橡子注定要发芽、生长，这是一种不可阻挡的自然力量。我们的"修复工作"只是在延迟、阻碍可能性的出现。

我的意思是，你要提高对橡子修复策略的认识，尤其是你在你的业务、你的团队或自身发展中进行的橡子修复。你能不能接受一段时间的失修，并从这里开始对话（练习接受）？

当然,损坏必须修复(不管对你来说意味着什么),你应该这么做。然而,持续不断的损坏可能是某些新事物正在出现的迹象。

祝你好运,保持简单,接受你的橡子。

笔记44：跟随逻辑的更进一步

你是不是需要做出改变，但却一直找不到"什么"及"如何"？在这种情况下，你往往会陷入一种"思考，思考，再思考"的循环中无法自拔。本章影响力笔记将为你指明一条前进的道路。

我过去及现在接触的许多公司高层专业人士，都在以某种方式和当前境况进行斗争。这种"当前境况"可能是他们的工作角色、公司文化方向、人际关系、健康状况，或者仅仅是"应该做些其他什么"的苦恼。

这种日益增长的不安会慢慢沉积在一些没有按照你预期发展的事情上（人、环境、模式），有些事情已经改变但你不喜欢，或者有些事情需要改变，也有可能你被困在其中太久。

尽管你已经进行了大量思考，甚至实施了多个调整计划，但事情还是和以前一样,没有改变。每一次回到这些事、这些环境中,你做过的所有思考都在尖叫着提醒你,它们不正确,这会进一步加深你的挫败感,让你感觉无能,感觉被困住。这种感觉可能已经扩散,让你变得越来越不确定,甚至害怕在其他领域采取行动。

在指导工作中我发现,当出现这种被困的感觉、无法进行明确的行动时,你需要更深入的工作,而不是"思考、思考、再思考"。

本章影响力笔记的要点似乎是反直觉的,它会受到你内在逻辑的抵抗;不过一旦你找到力量去跟随它,转变会立刻发生。

解决这个问题的最快方法是让自己成为磁铁,吸收你面前的新想法、创意以及可获得资源。

就是这样。你可以通过以下步骤进行练习:

- *如果你在做(不管是什么),把它做好(也就是说,如果你在写,那就多写些;如果你要主持一个会议,那就对你的表现、状态和专注力进行锻炼)。*

- 观察其他人在进行类似任务时的做法,注意他们做得好的地方,并学习他们的风格、技巧。
- 尝试新事物,做一些不同的事情(要有创造性;例如,更改顺序,将单位乘以10,改变位置)。
- 不间断地进行微小的改进步骤(这可以中和被困的感觉或放弃的想法)。

实现积极改变的最佳做法是立即投入到你身边的"现有"事物中,而不是浮于表面(无所事事,等待其他人或事提示你要进行的下一步)。只有这样,你才会明白下一步该做什么,不久之后,你需要的资源就会到来,后面的路也会越来越清晰。

在你的旅途中,恐惧、不确定和怀疑依然会出现在你的面前。当恐惧出现时,马上面对它。注意自己是如何面对并解决那些并不存在的恐惧的。

而且,有时候,当你再次与你面前的东西相遇时,你会重新看到它,就像第一次一样[向诗人 T. S. 艾略特(T. S. Eliot)道歉,我错用了你的诗句]。

笔记 45：保持平衡的中间道路

选择一条中间道路是一件很简单的事情：在生活中的各种极端事物中绘制一条路线是明智的，也是必要的。真正的领导力不是做出草率、浮华的决定。在任何困难情况下，找到中间路线都是最可能、最确定的方法，但它也是最不为人选择的一个。

如果你读过任何佛学经典，你会注意到其中关于"中间道路"的表达，它会指引我们找到一条介于苦行和放纵之间的道路。

我深受启发，并一直以此为我的行事标准。中间道路其实很简单。保持简单，你就会找到你一直渴望的平衡。极端行为来源于恐惧，对你和周围的人具有极强的破坏性。这种恐惧通常是想象出来的，并不是真实的，但它会在我们的行为中激起情感反应，让我们长期处于不稳定的发展状态中。

对于一段成功的教学关系来说，成果之一就是定义并遵循中间道路。这种最简单的形式仍然是解决我们许多人今天所面临的困难和复杂情况的最佳方法。

当今商业世界动荡不安，对变革的需求和对错误的立刻矫正行为都过于频繁。作为领导者，你经常被要求改变你的路线。如果你每次都屈从于这些要求，那么你带领他人前进的路线就会变得蜿蜒曲折，看起来很随意、很不舒服。

选择中间道路可以让你的领导影响力得到更有效的沟通。

销售业绩令人失望、收入水平低于预期、团队之间失去联系和协作、士气和动力丧失、工作毫无意义、缺乏目标、感到不知所措、失败感、自我怀疑。你和你的利益相关者开始渴望相反状态，极端相反，现在就要！

面对这种情况时，我注意到我的很多客户和客户公司，都会采取极端的相反策略来摆脱困境。他们所采取的行动偶尔会带来短期成功，但从长远来看，他们让这种摇摆不定的糟糕事态变得更加牢固。当你花费大量的时间保持极端状态时，一切都不会有进展。看起来你拥有十足的动力，但实际上你在刻画一条深深的车辙，很快就会让自己陷入其中。你被困在自制的战壕里，拼命工作或无事可做，疲劳感越积越多，自我怀疑重新出现。

下次你遇到极端情况时，注意并感受一下这种情绪反应的变化（比如开车时被人抢道）。只是从旁观者的角度进行观察，你与"极端"的关系就会立即发生变化，你会做出更积极、更有效的选择。

以下是一些帮助你找到中间道路的建议：

- 立即定义两种你可以选择的极端反应——这会让你的大脑意识到中间路线的存在。
- 暂停一下，尤其是那些并非天生能够快速思考的人。
- 对你的资源（人员、时间、资金、设备和空间）进行扫描，评估哪些资源已充分利用，哪些资源未被充分利用——通常可以激发出一种创新方法，让你使用与先前不同的方式充分利用现有资源。
- 哪里让你感到压力（身体和精神上）？你可以采取什么步骤（站立、伸展、呼吸、放松、放手、传递、委派）进行缓解？

顺便说一下，让事态摇摆不定好了。实际上，它必须先通过摇摆显示出中间位置。一旦你找到中间位置并停止事态的摇摆，你会发现自己充满了更多能量（以前你的能量都浪费在了极端状态上）。

想要找到并走上一条中间道路，你需要深入发掘你的领导力量。因为你身边的人会纷纷打电话给你，恳求你采取大规模的（及仓促的）反击行动。

而且中间道路也不会为你带来显著的、立即的改变。持怀疑论者和反对者将会不惜余力地挑战你的战略决策。这通常也是一个团队或公司惯性陷入极端的原因。

这是彰显你影响力的时刻，你的领导时刻。

领导他人，影响他人，走中间道路。

笔记 46：复杂环境中的极简思维

在当前的复杂环境中，你能起到应有的积极作用吗？现实常常会打垮你，支配着你的行动和反应。但是，你拥有一种隐藏的、让一切变得更简单的神奇能力。这意味着，你的日常工作也可以更加简单，但这取决于你。

生意难做。今天，寻找和维护新客户（或销售、协议）要比以前难得多。你所参与的每一件事，都有更广泛的、需要你更多考虑和吸收的含义。你甚至可能不允许自己感受任何程度的快乐／幸福，除非自己能让情况发生变化。你是否开始让事情变得比实际情况或需要更艰难，并对此上瘾？

但生活是复杂的。

在你当前的现实中，充满了证明你正确的证据。采取不同的思考方式和行动方式，简直是痴人说梦，不是吗？

很明显,现实就是现实,这就是现在的情况。不过,本章影响力笔记就是来挑战这一点。实际上,现实并不是现在(这么激进,真的吗)。

现实是在这一刻之前发生或存在的事物的累积,但并不是这一刻。因此,你可以决定你对现实的反应是什么,以及你的下一个现实可能的样子。是的,你可以做到这一点,尽管你的"当前"环境拥有势不可挡的巨大力量。

在对客户的观察中,我注意到他们的一个共同习惯,那就是:他们怀有一种习得的、根深蒂固的期望,即事情是困难的;任何比困难更容易的事情都是错误的、不够彻底的,能够成功仅仅是运气好而已。

这只会让复杂性更加牢固。

只需一个简单的步骤,你就可以使事情变得更加容易:希望事情更加容易。

你在这一挑战中体验到的阻力,会立刻突显出那些阻止你成功的现有障碍(顺便说一下,识别它们、挑战它们、释放它们，对你的个人发展来说具有巨大价值）。

与现在的练习相比，你的日常体验要容易得多。

请尝试进行下面的练习。

- **花些时间**：列出那些看似复杂的情况、项目、人员和环境。在思考这个问题时，你甚至可以感受到身体上的反应，例如胸部、颈部和肩膀的收紧。

- **现在考虑**：如果情况变得更加简单，你将如何处理它，或参与其中？当你对事情的复杂性进行削减时，你与之联系和期望的最原始、最简单的真实是什么？在这种情况下可以采取什么措施？

从这里开始你的工作，就好像它已经变得更加简单一样。

继续，挑战你当下的现实（保持简单，这是我最推荐的行动）。

笔记 47：连接世界的数字化思维

今天信息的数量及其扩散、泛滥可能会让你感到不适，本章影响力笔记的重点就是你处理这些信息的方式。你对这些信息的参与和利用方式，定义了你的影响力潜能。社交网络（脸书、领英、推特、谷歌＋等）正在挑战你连接和分享事物的方式。

你处理数字世界及其信息流、资源和网络的方式，将会定义你的成功（让它们成为你的优势）。擅于处理数字信息，还可以让你减轻压力、提高个人效率、获得成长，并激发积极的个人改变。

Ecademy 的创始人兼主席托马斯·鲍尔（Thomas Power）捕捉到了我们每个人在这个信息和网络过渡时代中面临的挑战，并将之浓缩在一个缩写词汇中。几年前，他在一次 TedxNewstreet 会议（一个独立组织的 Ted 活动）上就这个话题发表了精彩的演讲。

他将公司以及我们中迟缓的那些人描述为正在经历 CSC：

- 封闭（Closed）——对新思想、新方法、新渠道、新人。
- 选择性的（Selective）——对你联系、合作并从中获得资源的人和地方。
- 控制（Controlling）——我们圈子里的人，他们的活动、工作方法和方式。

经历 CSC 并不是错的，也不是坏的。在过去信息丰富的世界里，这很可能是一种有价值的、有原则的、保护性的方式。然而，保持封闭、选择性的和控制的这些人，现在需要更多努力，因为你的决策和标准每天都会受到挑战。这感觉就像在打一场注定失败的仗。你陷得越深，它就会变得越难。

现今的世界要求你质疑自己的信息流连接方式与操作方式。孩子们在数字世界中有着完全不同的生活方式——他们坐在信息流中，托马斯·鲍尔的主张更多地体现在他们对媒体的使用上。

根据我的孩子的情况，我使用鲍尔的方式创造了一个相对应的缩写，ORS：

- 开放的（Open）——对所有渠道开放，愿意尝试和探索，准备好试错。
- 随机的（Random）——抗拒强制结构和秩序的需要，抗拒评判任何事物（至少在最初是这样）。
- 支持的（Supportive）——支持他们的新网络中的所有人，准备成为变革和实验过程的一部分，乐于成为几乎任何网络或集体的一部分（至少最初是这样）。

从 CSC 到 ORS 的过渡需要时间，而且也并不容易，但你最终会获得回报。新信息会帮助你减少焦虑，让你为数字世界中的发展、变革做好准备。

显然，这可以是一段在教练指导下进行的旅程（你要寻找一个教练），但你也可以与同事们一起进行，毕竟这比一个人容易得多。

同样的转变也适用于你的团队和公司。

变化得越早，效益就越明显。

笔记 48：挑战累赘的会议习惯

除非你给自己打工，或者在某些强制隔离的环境中工作，否则你每天的日程中都会充满会议：关于你的项目、团队成员的项目、企业信息共享、项目更新，等等的会议。

在你的组织文化中，可能还有多方会议邀请的习惯，以及同样的习惯性接受邀请和出席。有时候，一段对话会导致一次会议，最后演化成一个论坛，甚至一个委员会。

这样下来，留给创新性工作、独立思考、建立关系等可以拓展你领导影响力的时间，一天只有几分钟。而且，这些机会往往出现在一天开始或结束的时候，甚至挤进你的旅行时间里，或者在（曾经神圣不可侵犯的）私人时间里……晚上和周末。

如果你真心想获得积极的改变，为你、你的团队或公司创造一些新的东西，那么，现在是时候检查一下你的会议习惯了。

我经常从苹果（Apple）公司已故联合创始人兼首席执行官史蒂夫·乔布斯（Steve Jobs）的思维和工作实践中获得灵感，这篇关于会议的影响力笔记就是对他的致敬。

乔布斯在苹果内部确定的会议原则是：会议由尽可能少的参与者组成。除非有人对决定持批评态度，或有什么重要内容进行补充，否则他们会被坦率地要求离开会议。

大多数会议都会从一小群聪明人开始，但随着每次人数增加，不必要的复杂性也随之增加。

为了获得最简单、最有力的影响，还有速度，我极度建议：一个项目越关键，与会的聪明人数量就要越少。这与大多数的公司行为正好相反。通常的做法是，由于害怕排斥，害怕没有涉及公司每个角落就做出决定，为了咨询和获得声音，会议人数越来越多，这往往意味着拖延甚至逃避。

以下是改变公司会议文化的额外规则：

不要让会议超过 30 分钟。

任何超过 30 分钟的会议都会出现重点、行为或者方法上的跑偏。会议会变成工作组、讨论室和意见收集活动。半小时后，每分钟产生的影响都会降低。

继续，挑战你们的会议习惯，保持简单，提高你的影响力。

笔记 49：高效人士的时间管理

你可能像我的大多数客户一样，一直在寻求提高工作效率、注意力和领导力的方法。

身为一名领导者，压力使你很难充分发挥自己和团队的作用。我们现在的生活、工作、思考和操作的方式，需要另一套技术以积极的方式改变我们与时间的关系。

在我的职业生涯中，我参加了许多"时间管理"项目和计划。在此过程中，我学会了一系列技巧和态度，这些技巧和态度提高了我的注意力和工作效率，让我变得更有条理。

在20世纪90年代末，我组织了一系列研讨会和学习模块，将以前学到的最好的时间管理技能以及我观察到的最佳实践经验组合在一起。

从那时起,我的重点一直放在与你相似的人身上,以及你们所面临的挑战,特别是在当今环境中在时间选择方面遇到的挑战。在过去的日子里,主流科技不必面对现今社会的巨大挑战:无穷无尽的电子邮件、会议,连续不断的社交信息,以及所有领导者们的多任务、高速率的日常需求。

你如何利用你的时间、你所进行的选择,这些会对你的影响力产生绝对的、直接的影响。

严格按照固定时间表行事,这已不再可能,你甚至都无法确定每天会出现什么。在准备好评估新的请求和挑战之前,你可以先把它们放在一边——这种事只存在于过去的时代。

以下是我的十大核能时间管理技巧,请阅读、思考,并采用那些让你心声共鸣的技巧。

- **空隙的优势**:关注并利用你所有的时间空隙(参见笔记 40:抓住忽略的空隙时间)。

- **站立会议**:在进行一些会议时要求全员站立(特别是电话会议)。这种身体姿势的变化可以改变情绪和工作模式。在站立姿势下，人们的发言会更简短，眼神交流会增加，倾听技能会提高，联系会更紧密，低头记录的情况会更少，对会议成果的承诺也会更加真实。

■ **新的开始时间**：将会议的开始时间改到原本固定的会议时间外。

■ **新的会议时长**：将会议时长设置为 30 或 60 分钟（或其倍数）以外的任何数字。将开始时间和会议时长结合起来会获得更好的效果，例如，在 10∶20 开始会议，时长 25 分钟，这会提高参与者们对时间的意识，他们会倾向于尊重新的时间安排，会议行为也随之改变。

■ **在"如何"停止**：这是我最喜欢的一个技巧。我观察到在很多会议中，一屋子位居高位、薪水丰厚的首席高管们，往往会卡在"如何"进行变革上。你和你的团队天生就擅长"如何去做"，离开会议，最佳创意就会纷纷涌入你的大脑。这是你的创造性潜意识最喜欢的活动，所以把"如何"留给它们吧。一旦开始"如何"的对话，就立刻停止会议，让挑战离开会议室。

■ **我的日子**：定期划出一天或半天时间（由你自己决定"定期"的定义，它可以是每周、每两周，或者是每月），这段时间只进行战略工作或者未来重点项目的工作；没有电子邮件，没有短信，没有电话，没有会议，什么都没有，只有你需要的资料。你需要大量的、足够的精力和体力来保持足够专注，所以你要仔细设定时间，前一天晚上要睡好，并且摄入适量、健康的饮食。

■ **生物基础**：你在一天中的某些时间里的表现比其他时间的要好，在一年中的某几个月里的表现比其他月份也要好。你会受到某些事件和某些人的积极影响，毫无疑问，你也会受到某些事件和某些人的消极影响。你的生物基础会将这些调整为周期，并以此构建你的每日、每周。所以，停止在不正确的时间消耗资源、试图成为另一个版本的自己。当你感到兴奋、感觉很好时，进行会议就是低效行为，它并非你此时的最优选择；你可以利用这段时间与他人见面，进行一对一交流，制定战略，或者给自己创造一个空间进行思考。列出你最主要的三种模式（例如，兴奋、平静和低落），然后列出你经常参与的事件类型（与同事会面、一对一谈话、与客户会面、创新性思考、写作、深度管理），并决定哪些模式最适合哪些事件。这样，你就知道什么时候自己可以大展身手了（你可以为最宝贵的创新性思考时间制作一个"请勿打扰"的标识）。

同一会议进行两遍：这是应对公司常见消极情况的对抗性技巧。忙碌会对你造成什么影响？在忙碌的数小时或一天、一周里，你的表现如何？通常情况下，对你和团队中的大部分人来说，你们的倾听能力会受到影响，出错的可能性会显著增加。在重重压力下还要记住细节和关键信息，这太难了。同一会议进行两遍，这是节省大家时间、减少错误发生的保护性措施。你要做的，就是召开第二次会议（第一次会议几小时或几天后），讨论/展示完全相同的信息。在第二次会议中可以发现先前忽略的错误与问题。

请现在打断我：随着你的影响力越来越大，领导的人越来越多，他们中的很多人会想成为你的评论、你的认可、你的洞察力、你的建议的一部分。起初这感觉很好，但很快就会变得烦人，不久之后你会注意到经常性被打断对你工作效率的负面影响。你的影响力也会随之减弱。为了做到公平、明确，你应该与你的追随者们进行沟通，并设置一个"请现在打断我"的时间。这意味着，当进行低风险的管理任务，不需要深刻想法时，你可以通过"请现在打断我"时间在简短对话中发挥你的聪明才智，并让你永远"全身心地"面对你的追随者们。

- **写下来**：写一个月的日记，跟踪你自己的活动、想法、观察和情绪。白天尽可能多地阅读这些日记。这一技巧可以发挥多方面的功效。首先，它为你提供了你的高峰和低谷的时间数据。第二，它让你习惯了写日记，这是一种有意识的技巧，世界上大多数伟大领导者们都以某种形式使用过这一技巧。第三，它捕获了那些漂浮的、尚未完全形成的珍贵想法和对话，如果不记录下来，它们很快就会如烟雾般消散。

你过去的行为、与时间的关系，将你带到了这里，但它们无法继续伴你前行。所以，你需要现在就升级自己。

笔记 50：影响力思维的精益原则

"精益"（Lean）领导具有强大影响力。

精益可以解释为倾斜，或接近的角度，也可以解释为瘦，高效，没有浪费或没有多余的脂肪。这两种定义在领导力中都有涉及。

在几十年前，"精益"由丰田汽车公司提出并被广泛接受，它被用来描述流程的改进和对浪费（产品和时间）的消除。精益基本上是将正确的东西以正确的时间、正确的数量送到正确的地方，同时最小化浪费，灵活、开放地进行变革及进一步发展。

你可以在某种程度上，使用这一概念描述你的领导风格吗？

精益适用于你的业务——减少不必要的低附加值活动。

精益适用于你的思维——不去想任何让你感觉不好的事情。

我曾与一些接受过这一理念（例如，六西格玛）正式培训和认证的领导者、经理们一起工作。完全理解并接受这一概念后，他们会习惯性地对团队运作方式进行评估，并经常性采用深思熟虑的行动来变得更精益。

每当我在与个人或团队的指导谈话中引入"精益"这一概念时，总会获得积极的反映和结果。这是一个可以帮助你专注、简化的简单框架。

本章影响力笔记旨在让你关注精益的另一个含义：你接近（某物）的角度——倾斜，依靠。

我还能听到我的私人教练玛吉（Maggie）一遍又一遍地催促我"靠过去"（lean into it）。在和她的一次谈话中，我发现了这个词与工作的明显联系。当我们改变自己的倾斜角度（靠向对方）时，更多的力量和能量储备会被利用（这也是一个多寓意的定义）。

我现在敦促你靠向你所做的所有工作，无论是身体上的还是精神上的。这是取得进展的最快方式，是寻找新机遇的最快方式，也是吸引新创意的最快方式。

下面是四个简单的"靠过去"技巧：

- 注意你的站姿。当你在健身房时，在演讲时，坐在会议桌后甚至桌上时——改变你的角度，靠过去。
- 加快速度，增大音量和频率。在短时间内进行上述行动，一小时、一天或一周。
- 走得太远。只有对边界进行测试和扩展，你才能发现可能性范围有多大。测试你和你团队的弹性及耐力。（注意：当进行"走得太远"时，要注意安全，你要建立缓冲区、支持、检查和平衡。）
- 尝试新事物。举行会议的方式，工作方法，技巧；探索以前被忽视的古怪想法。

如果你想要一些东西（一次改变，一个职位角色），停止等待或被动参与，你要主动地"靠过去"。

致 谢

如果没有大家的共同努力和激励,这本书是不可能存在的——特别是我的工作伙伴弗兰·威尔比(Fran Wilby)博士,一周又一周,在他的帮助下我才能赶上时间表。

大卫·兰巴德(David Lambard)、彭妮(Penny)和彼得·圣·劳伦斯(Peter St Lawrence)、詹姆斯(James)和詹妮·斯科特(Janine Scott)、玛吉·戴维斯(Maggie Davies)、保罗·威尔比(Paul Wilby)、西蒙·埃米特(Simon Emmett)、黛比·派伊(Debbie Pye)、克里斯·罗布森(Chris Robson)、我的母亲、我的姐妹安妮(Anne)和弗兰(Fran)、我的姐夫、妹夫尼尔·高尔顿(Neil Galton)、约翰·巴恩斯(John Barnes)和乔纳森·伍德罗(Jonathan Woodrow)都是我忠实的支持者以及可靠的伙伴,尤其是在过去两年里,谢谢你们。

在此,我还要衷心感谢以下人士:

感谢 LID 出版社的马丁·刘(Martin Liu)及其团队,感谢你们提供的编辑支持、见解和创意。

感谢与我合作共创影响力笔记的客户们。

感谢我的孩子、我的家庭以及我的朋友们,他们以我无法表达的方式丰富了我的生活。

谢谢大家。

关于作者

关于西蒙·泰勒 (Simon Tyler)

我与领导者、思想者和企业家们的合作，使我能够谈论并写下这些经验——指导成功人士以简单和有影响力的方式领导和生活。

我充满激情的信念和日常哲学是，为了前进，你必须经常性地创造一个空间，清除混乱的事物，并通过行动明确并简化你与世界的互动。多年来，我有幸与数百名优秀的企业客户合作，提高他们的影响力和专业实践，进而改变他们的商业方式，并在他们的个人和商业生活中留下明确的、可衡量的积极变化。

我曾与1000多名领导者和高管进行一对一工作，并被许多领先的和不断发展的全球公司聘用，与他们的团队及领导者们合作，我也曾与世界各地的高管们进行私下接触。

我的上一本书《简单方法》（*The Simple Way*）是多年来对简单性观察研究的结晶，它为读者们提供了一份实用指南，帮助他们免除复杂性带来的个人和商业痛苦，并从简单原则带来的回报中收益。《影响力思维》继承、发展了这种思维，并提供了清晰的、支持性和挑战性的步骤来改变你对世界的影响。

我相信，如果你花些时间重新考虑自己对他人的影响，你就能真正地激励他人，并通过意图和意义领导他人。

以下方式可联系作者寻求建议、指导和演讲：

simon@simontyler.com
simontyler.com
thesimpleway.tv
领英 http://uk.linkedin.com/in/simontyler/
推特 @simplysimont

影响力思维
NOTE